보험꼰대의 쓸만한 JOB소리

보험꼰대의  JOB소리

ⓒ 권기성, 2026

개정판 1쇄 발행 2026년 4월 23일

지은이   권기성
펴낸이   이기봉
편집   좋은땅 편집팀
펴낸곳   도서출판 좋은땅
주소   서울특별시 마포구 양화로12길 26 지월드빌딩 (서교동 395-7)
전화   02)374-8616~7
팩스   02)374-8614
이메일   gworldbook@naver.com
홈페이지   www.g-world.co.kr

ISBN   979-11-388-5730-7 (03320)

지속 가능한 보험 영업 행동 가이드

보험꼰대의 쓸만한 JOB소리

권기성 지음

기본에 행동을 더하라

좋은땅

기본에 충실하자! 행동하자!

나는 1994년 3월, 보험회사의 문을 두드렸다. 그리고 2022년 3월 31일, 정확히 28년 1개월의 시간을 마무리했다. 10년은 지점장으로, 15년은 연수원 사내 교수로 살았다. 지금은 대학에서 교육공학을 가르치고 있으며, 기업 현장에서 강의를 하고 있다. 지점장 10년은 성과가 전부였다.

"이번 달 계약은?" "리크루팅은 몇 명?" 숫자가 내 하루를 지배했다. 그러다 교육을 만나고, 많은 사람의 성공과 실패의 경험을 접하면서 달라졌다.

성과보다 과정, 감(感)보다 구조, 운(運)보다 행동이 더 중요하다는 것을 알게 된 것이다.

첫째, 기본이다

28년 동안 붙든 첫 번째 질문은 "왜 배운 대로 행동하지 않을까?"였다. 교육을 받고도 현장은 늘 그대로였다. 교육학에서는 이를 '학습전이'라고 한다. 나는 이 문제를 붙잡고 수없이 고민했다. 강의실에서, 영업 현장에서, 수많은 설계사들과 함께 실험하며 답을 찾으려 했다. 그리고 결국 얻은 결론은 단순했다. 기본이었다. 기본 위에만 행동이 쌓이고, 그 행동이 성과를 만든다. 기본이 무너지면 성과는 모래성처럼 무너진다. 그래서 이 책은 지속 가능한 행동을 위한 기본기의 원리와 지혜를 담았다.

둘째, 예측 가능한 구조와 시스템이다

보험 영업이 힘든 이유는 결과가 늘 예측 불가능하기 때문이다. 오늘 고객을 만나도 계약이 될지, 내일 약속이 지켜질지 누구도 확신할 수 없다. 그래서 많은 설계사들이 지치고, 불안에 흔들리고, 결국 포기한다. 그러나 방법은 있다. 나의 몸을 구조화하는 것이다.

- 고객 만남의 약속을 체계적으로 관리하고
- 가망고객을 꾸준히 확보하며
- 정보를 끊임없이 수집하고
- 매일 TA로 고객에게 다가가는 것

이러한 행동들이 반복될 때, 영업은 더 이상 '운'이 아니라 구조가 된다. 성과가 우연이 아니라 필연이 된다.

셋째, 누군가는 말해야 하는 꼰대다

현장은 늘 결과만 묻는다.

"오늘 계약했어?" "이번 주 목표는 얼마야?"

성과는 숫자로 드러나니 빠르고 간단하다. 그러나 정말 중요한 것은 과정이다.

"오늘 무엇이 힘들었나?" "무엇이 잘 되었나?" "어떤 과제가 남았나?" 이런 질문이 있어야 피드백이 생기고, 피드백이 있어야 성장이 가능하다. 하지만 현실에서는 과정에 대한 이야기를 거의 하지 않는다. 성과가 없으면 분위기가 무거워지고, 성과가 나오면 그제야 기대와 관심이 몰린다. 결국 과정보다 결과에 더 민감하게 반응하는 문화 속에서 조직원들이 무엇이 문제인지조차 알지 못한 채 흔들릴 수밖에 없다.

과정 피드백은 때로는 불편하고, 갈등을 만들 수 있다는 이유로 쉽게 회피한다. 그러나 내가 함께 일하는 동료와 후배의 진짜 성공을 바란다면, 반드시 과정에 대한 발전적 피드백이 있어야 한다. 그 누구도 나서지 않는다면, 누군가는 그 역할을 맡아야 한다. 그래서 나는 기꺼이 꼰대를 자청했다. 내가 말하는 꼰대는 단순한 잔소리꾼이 아니다.

- 당장은 거슬려도 결국 길을 비춰 주는 소리
- 듣기 싫어도 돌아서면 자꾸 생각나는 소리
- 오늘은 불편해도 내일은 힘이 되는 소리
- 이미 아는 이야기라도 지치지 않고 끝까지 말해 주는 진심의 소리

현장에서 눈물 흘리며 버티는 후배들에게 꼭 필요한 이야기를 전하

는 사람, 나는 그런 꼰대이고 싶었다.

그리고 한 가지 더

이 책은 한 사람의 성공 스토리가 아니다. 28년 동안 내가 강의실에서, 나의 영업 경험과 현장에서 수많은 보험 관계자들을 만나며 관찰하고, 토론하고, 함께 실험하며 정립해 온 표준화된 지침에 가깝다. 한 개인의 경험담은 상황이 달라지면 그대로 맞지 않을 수 있다. 영업에는 정답이 없다. 한 사람의 성공 경험이 모두에게 적용되기는 어렵다. 그러나 수많은 현장에서 검증된 원리와 행동 지침은 누구에게나 적용될 수 있고, 어떤 상황에서도 기준이 되어 준다.

그리고 이 책의 가장 큰 특징이 하나 더 있다. 이론이 아니라, 순수하게 '현장에서 나온 언어'로 쓰였다는 점이다. 그래서 화려한 철학이나 어려운 전문 용어가 없다. 현장에서 실제로 쓰는 말은 늘 단순하고, 핵심만 남는다. 심플한 문장은 가볍기 위해서가 아니라 실전에서 가장 효과적이기 때문에 심플한 것이다.

이 책이 담고 있는 내용 역시 그렇다.

세련된 문장보다 바로 움직이게 만드는 문장, 복잡한 모델보다 당장 실천할 수 있는 행동. 가슴에 오래 남을 글이 되기를 바란다.

마무리

이 책은 머리가 아니라 발로 하는 영업, 즉 행동 기반의 영업 시스템을 이야기한다. 지난 28년 동안 보고, 겪고, 실험하고, 깨달은 현장의 이야기를 담았다. 잔소리처럼 들릴 수 있다. 그러나 결국은 버틸 수 있는 힘, 예측 가능한 영업, 쉽고 재미있게 할 수 있는 길이 있음을 전하고 싶었다.

누구나 시작은 감으로 하지만, 성공은 구조에서 나온다. 이 책이 당신의 영업 여정에서, 하루하루의 방향을 잡아 주는 '목적지 설정 버튼'이 되었으면 한다.

보험꼰대 권기성 드림

목차

영업은 결국 '움직임'에서 시작된다. 하지만 무작정 달리는 것이 아니라, 스킬·열정·비전이 곱해질 때만 진짜 성과가 만들어진다. 내가 왜 이 일을 하는지 분명히 알 때, 비전은 방향이 되고, 열정은 에너지가 되며, 스킬은 그것을 완성한다.

쓸만한 JOB소리 1

WHY?

나는 왜 이 일을 하는가?

나에게 묻기

질문 1

나는 영업을 잘하기 위해 '가장 먼저' 해야 할 행동은 무엇인가?

질문 2

오늘 하루, 내가 반드시 지켜야 할 작은 약속은 무엇인가?

질문 3

계획은 세웠지만 지키지 못한 경험이 있다면 무엇이며, 이유는 무엇인가?

영업을 잘하는 방법 - 움직여라!

단순하지만 누구나 놓치는 진실

강의 현장에서 "영업을 잘하는 방법은 무엇일까?"라는 질문을 던지면 열이면 열 비슷한 대답이 돌아온다. "많이 만난다." "활동을 많이 한다." "계약을 많이 한다." 틀린 말은 아니다. 그러나 내가 원하는 답은 따로 있다. 그리고 나는 네 글자의 초성을 보여 준다.

'ㅇㅈㅇㄹ'.

사람들은 고개를 갸웃하거나 소리 내어 읽어 보지만 정답을 맞히는 경우는 거의 없다. 그 답은 바로 "움직여라"이다. 듣는 순간, 너무 당연하지만 동시에 낯설게 다가온다. 왜냐하면 '움직여야 한다'는 사실을 이미 알고 있으면서도 실제로는 제대로 움직이지 못하기 때문이다.

단순한 진실일수록 실천하기 어렵다. 영업은 앉아서 고민한다고 풀리는 일이 아니다. 결국 누가 더 많이 움직이느냐가 결과를 좌우한다.

활동량과 성과는 정비례한다

영업은 정직하다. 투입한 시간과 노력이 그대로 결과로 돌아오기 때문이다. 활동량이 많은 사람은 성과도 높다. 반대로 움직이지 않는 사람은 성과가 떨어진다. 문제는 대부분의 영업인이 마음먹은 대로 움직이지 못한다는 데 있다. 출근길에 "오늘은 꼭 해내겠다."라고 다짐하며 아침에는 의욕이 충만하다. 하지만 막상 사무실에 앉으면 마음이 꺾인다. 그 이유는 단순하다.

- 고객의 거절이 두렵고
- 자신감이 부족하며
- 낯선 만남이 부담스럽기 때문

이 세 가지 심리적 장벽이 영업인의 발을 묶는 족쇄가 된다.

하루를 삼키는 함정

보험설계사의 하루는 분주하게 시작된다. 아침 6시, 거울 앞에서 정장을 다듬고 머리를 세팅하고 향수를 뿌린다. 막히는 도로를 뚫고 출근하면서 "오늘은 열심히 해 보자."라고 다짐한다. 8시 30분, 사무실에 도착해 아침 회의를 마친다. 그런데 그 이후부터 고민의 시간이 흐르기 시작한다. "오늘은 어디를 가야 하지?" "이번 주는 결과가 나와야 하는데…." 컴퓨터 앞에 앉아 엑셀 파일을 열지만, 실제 고객에게 전화를 걸기까지는 오랜 시간, 아니 어쩌면 오늘도 전화를 못하고 하루가 가는 경우가 많다. 이 작은 행동 하나가 하루 전체를 무너뜨린다. 마음은 바쁘고 머리는 뜨겁지만, 정작 발은 움직이지 않는다. 결국 계획만 세우다가 동료의 "점심 먹으러 가자!"는 말에 자리를 털고 일어나고, 점심과 커피로 시간을 보내고 나면 어느새 오후가 된다.

오늘 해야 할 핵심 활동은 하나도 진행되지 못한 채 하루가 끝난다.

성과를 내는 사람들의 하루

반면 성과를 내는 사람들은 하루의 흐름이 다르다. 그들의 오늘은 어제, 아니 전 주에 이미 결정되어 있다. 아침 회의가 끝나면 곧장 첫 미팅 장소로 이동하는 차 안에서 그는 이미 다음 통화 상대에게 보낼 메시지를 준비한다. 일정이 바쁘지만, 리듬은 자연스럽다.

방문, 전화, 후속 관리 일정이 빼곡하게 잡혀 있어 한 건이 실패하더라도 다음 건으로 자연스럽게 이어진다. 오후에는 오늘 결과를 정리하고, 내일 스케줄을 확인하는 등 하루의 시간이 짧다고 느껴질 정도다. 잠시도 머뭇거리는 시간 없이 바쁘게 하루가 흘러간다.

실제로 한 설계사는 "하루 만남 목표"를 세워 두고 어떤 상황에서도 반드시 지켰다. 고객과의 약속이 갑작스럽게 취소되면, 그는 그냥 사무실로 돌아오지 않았다. 근처 마트 사장님이나 지인을 찾아가 대화를 나누며 그날의 목표를 반드시 채웠다. 하루를 허투루 보내지 않으려는 이러한 태도는 결국 꾸준한 성과로 이어졌다.

자동으로 움직이는 구조

누구나 이런 보람찬 하루 일과를 꿈꾸지만, 현실은 다르다. 결과가 달라지는 이유는 단순하다. 나를 움직이게 하는 활동 구조, 즉 시스템이 없기 때문이다.

성과를 내는 사람들은 결심이 아니라 자동으로 움직이는 구조에 기대어 산다. 순간의 결심은 금세 흔들리지만, 구조는 흔들리지 않는다. 영업은 순간의 결심만으로 이루어지지 않는다. 반드시 반복 가능한 시스템이 있어야 한다.

의지가 약해지는 날에도 몸이 자동으로 움직이게 만드는 장치가 필요하다. 작은 것부터 하나씩 쌓아 가다 보면 언젠가 자신만의 활동 시스템이 완성된다.

물론 이 자리에서 그 구조를 모두 설명하기에는 아직 이르다. 이 책의 다음 장에서 '비전', '루틴', '습관'과 같은 구체적 방법을 통해 그 비밀을 차근차근 풀어갈 것이다. 지금은 단 한 가지만 기억하자.

성과는 결심이 아니라 구조에서 나온다.

마무리 — 과정이 없는 결과는 없다

머리는 결과를 그리고, 가슴은 과정을 움직이게 한다. 머리는 차갑게, 가슴은 뜨겁게 유지해야 다리가 움직인다.

영업은 말이 아니라, 결국 '움직인 발걸음'이 증거가 된다.

영업에는 교과서적인 정답은 없다. 그러나 각자가 찾아야 할 해답은 있다. 오랜 현장에서 내가 얻은 해답은 이것이었다. "움직일 수 있는 구조를 만들어라. 오늘도 움직여라." 그것이 영업을 잘하는 가장 단순하고 강력한 방법이다.

☑ 아침 시작 루틴

- 출근 후 5분 안에 할 수 있는 '첫 행동'을 정해 보자.

  예) 커피를 마시며 오늘의 기대를 한 줄로 기록하기.
- 오늘 반드시 실행할 할 행동 1가지를 적어 눈에 보이는 곳에 붙여 두기.

☑ 하루 마무리 체크

- 오늘의 활동에서 가장 잘한 행동 1가지와 놓친 행동 1가지를 기록하기.
- 오늘 하루를 돌아보며 배운 점 한 가지를 적어 보기.

나의 행동 한 가지

나에게 묻기

질문 1

영업을 하면서 나를 움직이게 하는 가장 큰 힘은 무엇인가?

(스킬, 열정, 비전)

질문 2

지금 내 영업 활동에서 가장 부족하다고 느끼는 부분은 무엇인가?

질문 3

어제 하루만 놓고 본다면, 나는 스킬·열정·비전 중 어느 부분에 더 점수

를 줄 수 있는가?

영업 성공 = 스킬 × 열정 × 비전

영업은 더하기가 아니라 곱하기다

보험 영업에서 성공을 결정짓는 세 가지 요소가 있다. 바로 스킬, 열정, 비전이다. 많은 사람들은 흔히 "스킬이 중요하다."거나, "열정만 있으면 된다." 혹은 "비전이 있어야 한다."고 말한다. 하지만 이 세 가지는 단순히 더해지는 관계가 아니다. 곱하기의 관계다. 곱하기에서는 하나라도 0이면 전체가 0이 된다. 아무리 뛰어난 스킬을 갖추었더라도 열정이 0이라면 성과는 0이다. 열정이 넘쳐도 비전이 없다면 방향 없는 에너지에 불과하다. 반대로 세 요소가 모두 일정 수준 이상을 유지할 때 상승 효과가 나타나며, 성과의 속도와 크기가 눈에 띄게 달라진다. 현장에서 스스로 세 가지 요소를 각각 10점 만점으로 평가해 보라고 하면 의외로 점수가 낮아 놀라는 사람이 많다. 특히 비전의 점수가 가장 낮게 나타난다. 혹시 지금 나의 가장 낮은 점수는 무엇일까? 바로 그 부분이 나의 성과를 제한하는 가장 큰 요인일 수 있다.

스킬 ― 기본 체력, 그러나 전부는 아니다

스킬은 보험 영업인의 기본 체력이다. 상품 지식, 상담 화법, 약관 해

석, 법인·개인 영업 전략, 세무 지식, 의학 상식까지 고객을 만날 때 필요한 능력이 모두 여기에 포함된다. 현장에서 교육은 대개 스킬 중심으로만 이루어진다. 그 이유는 세 가지다.

1. 결과 중심의 문화 — 스킬은 현장에서 바로 적용할 수 있고 성과로 직결되며 효과가 빨리 나타난다. 실적을 중시하는 리더 입장에서는 당연히 선호된다.
2. 마음을 다루는 교육의 어려움 — '하고자 하는 마음'을 만드는 데에는 시간이 오래 걸리고, 이를 교육할 수 있는 사람도 많지 않다.
3. 단기 성과 지향적 조직 문화 — 경쟁이 치열해질수록 당장의 성과에 집착하게 되고, 자연스럽게 스킬 교육에만 집중하게 된다.

스킬은 반드시 필요하다. 그러나 스킬만으로는 부족하다. 아무리 상품 지식이 많고 상담 기술이 뛰어나도 어떤 방향으로 고객을 만날 것인지가 분명하지 않으면 그 기술은 현장에서 제 힘을 발휘하지 못한다. 영업의 방향과 철학이 정해져 있지 않은 상태에서 스킬만 붙이면 오히려 더 혼란스러워진다. 그래서 많은 보험설계사들이 교육을 많이 들어도 실전에서는 우왕좌왕하고, 배운 스킬도 금방 잊어버리거나 적용되지 않는 것이다.

영업은 결국 '방법'이 아니라 '방향'이 만든다. 방향이 세워져 있어야 스킬은 그 위에서 움직이고, 같은 기술도 전혀 다른 결과를 만든다. 고객을 진심으로 대하는 태도, 고객의 이야기를 먼저 듣겠다는 자세, 고객의 상황을 이해하고자 하는 마음이 있어야 스킬이 비로소 살아난다. 스킬은 도구이고, 방향은 그 도구를 움직이게 하는 힘이다.

열정 — 욕심을 행동으로 바꾸는 힘

현장에서 "당신의 열정은 몇 점입니까?"라는 질문을 던지면 대부분은 주저 없이 "10점"이라고 답한다. 하지만 실제로는 욕심과 열정을 혼동하는 경우가 많다.

- 욕심: 바라기만 하는 마음
- 열정: 바람에 행동이 더해진 마음

"욕심은 다이어트 책만 사두는 것이고, 열정은 실제로 운동화를 신고 밖으로 나서는 것이다."

"오늘 계약 하나만 됐으면 좋겠다." "이번 달은 고액 계약 하나 해야 하는데…." 이런 생각만 하고 몸이 움직이지 않는다면 그것은 열정이 아니라 욕심일 뿐이다. 나 역시 지점장을 할 때 열정으로 영업을 했다고 생각했지만 돌이켜보니 욕심에 가까웠다. 매주 주간 목표를 크게 잡고, 아침 미팅에서 침이 튈 만큼 열정적으로 외쳤지만 정작 나는 미팅실 문을 나서는 순간 움직이지 않았다. 목표를 크게 말하는 것이 곧 열정이라고 착각했고, 말로만 동기부여하면 내 역할은 끝났다고 스스로 안도했다. 그러다 보니 나의 언어에는 구체적인 행동 용어가 없었다. "열심히 해 봅시다." "이번 주 반드시 해냅시다." "마음만 먹으면 됩니다."와 같은 말뿐이었고, 실제로 무엇을 어떻게 해야 하는지에 대한 행동 지침은 없었다.

결국 보험설계사들도 나와 똑같았다. 의지는 있었지만 행동은 없었다. 의지는 금방 달아오르지만 금방 식는다. 의지만으로 영업을 한다는 것은 한계가 있다. 행동 언어가 없는 조직은 결심만 가득하고 실천은 거의 일어나지 않는다. 나는 이때 비로소 깨달았다. 열정은 말의 크기가 아니라 행동의 크기다. 행동이 없는 열정은 열정이 아니다. 진짜 열정은 '하고 싶다'가 아니라 '움직였다'에서 증명된다.

그런데 왜 욕심은 커지고 열정은 줄어들까?

• 성과 압박이 크면 '성과만 바라는 마음'이 커진다.
• 실패 경험이 쌓이면 행동보다 계산이 많아진다.
• 비전이 없으면 열정은 장기적으로 유지되지 않는다.

열정은 단순한 뜨거움이 아니다. 목표에 몰입하고 꾸준히 에너지를 쏟아붓는 심리적·행동적 상태다. 피곤해도 쉽게 포기하지 않고, 누가 시켜서가 아니라 스스로 하고 싶어서 움직이는 힘이다. 이 심리적 엔진이 꺼져버리면 열정은 욕심으로 전락한다.

비전 — 가슴을 뜨겁게 만드는 원천

영업은 스킬과 열정만으로는 충분하지 않다. 열정을 만들고 지켜 주는 힘은 결국 비전에서 나온다. 스킬, 열정, 비전이 모두 중요하지만 우선순위를 정한다면 비전이 가장 먼저다.

비전은 "나는 왜 이 일을 하는가"를 분명히 해 주고, 나아갈 방향에 힘을 준다. 방향이 바로 서야 일을 긍정적으로 바라볼 수 있고, 그래야 비로소 하고자 하는 마음, 즉 열정이 생긴다. 그리고 열정이 생기면 스킬은 자연스럽게 따라온다. 배우고 싶고, 더 잘하고 싶고, 움직이고 싶어지기 때문이다.

현장에서 만난 두 가지 사례가 이를 잘 보여 준다.

사례 1

연수원에서 비전을 강의한 후 쉬는 시간에 한 설계사가 다가와 말했다. "저는 입사할 때부터 노후를 준비하겠다는 목표를 가지고 일을 시작했습니다. 그리고 20년 동안 연금을 넣어 이번 달에 드디어 완성했습니다. 20년을 버틸 수 있었던 건, 매달 넣던 연금이 제 미래와 연결되어 있었기 때문입니다." 그는 팀원들에게도 비전의 중요성을 전했다고 한다. 목표 하나가 사람을 20년 동안 버티게 한 것이다.

사례 2

입사 1년 만에 영업팀장이 된 설계사가 있었다. 리크루팅도 잘하고 업적도 우수해 인터뷰를 하게 되었는데, 첫 질문은 "왜 이 일을 하게 되었습니까?"였다. 그는 주저하지 않고 대답했다. "저는 두 자녀가 있습니다. 제 아이들이 앞도 뒤도 아닌 최소한 중간에서라도 달릴 수 있도록 해 주고 싶었습니다. 그래서 보험설계사 일을 선택했습니다." 그의 목소리에는 확신이 있었고 주저함이 없었다. 자신이 이 일을 하는 이유가 분명했기 때문이다. 그 비전이 자신감과 성과로 이어졌다. 비전이 있는 사람은 방향이 흔들리지 않는다. 그 방향이 열정을 낳고, 열정이 스킬을 키운다.

결국 우리가 일이 힘들고, 중간에 포기하고, 스킬 교육을 받아도 성과가 나지 않는 이유는 비전 — 열정 — 스킬의 순서를 거꾸로 잡았기 때문이다. 비전이 없으면 열정은 욕심으로 변하고, 행동이 없으니 스킬은 자라지 않는다.

비전이 방향을 세우고,
그 방향이 열정을 만들고, 그 열정이 스킬을 성장시킨다.

이 순서를 회복하는 순간, 영업은 감이 아니라 길이 되고, 불안이 아니라 성장으로 이어진다.

마무리

비전은 방향을 잡고, 열정은 몸을 움직이며, 스킬은 그 움직임을 완성한다. 이 세 가지가 곱해질 때 비로소 '보험 전문가'라는 이름을 얻을 수 있다. 오늘 나의 스킬·열정·비전 점수는 각각 몇 점인지, 높은 부분은 무엇이며 낮은 부분은 무엇인지 그 답을 아는 순간 성장은 이미 시작된 것이다.

세 가지를 균형 있게 키우는 방법

☑ 스킬 점검

- 내가 제일 자신 없는 영역을 하나 고르고, 이번 주 안에 실천할 작은 훈련법을 정해 실행해 보기.
  예) 상품 특약을 요약해 1분 스피치 연습, 부족한 상담 관련 영상 시청 등

☑ 열정 점검

- 오늘 하루, '생각만 하고 미루던 행동' 중 하나를 당장 실행해 보기.
  예) 미뤄 둔 고객 1명에게 연락하기, 가망고객 리스트 정리하기

☑ 비전 점검

- "내가 이 일을 시작한 이유"를 한 문장으로 다시 써 보기.
- 그 문장을 책상 앞이나 휴대폰 메모장에 두고 하루에 한 번 읽어 보기.

나의 행동 한 가지

나에게 묻기

질문 1

내가 이 일을 통해 꼭 이루고 싶은 삶의 모습은 무엇인가?

(경제적 목표, 가족의 삶, 나의 성장 등)

질문 2

지금 내가 버는 돈은 어떤 의미를 가지고 있는가?

(단순 생계, 꿈, 미래 준비 등)

질문 3

지금 이 일을 처음 시작한다면 나는 무엇부터 다시 시작할 것인가?

속도보다 방향이 중요하다

돈과 일의 방향을 세우다

"나는 왜 이 일을 하는가?"

이 질문에 가장 많은 대답은 "돈을 벌기 위해서"였다. 그러나 역설적이게도 이렇게 대답한 사람에게 "그럼 돈을 많이 벌었습니까?"라고 물으면 대부분 "아니요, 남는 게 없습니다."라고 답했다. 벌긴 벌었지만 지키지 못했기 때문이다. 이 장에서는 돈을 바라보는 시각과 돈을 지키는 비전이 왜 중요한지를 이야기하고자 한다.

돈에 대한 나의 정의 ─ 짝사랑

현장에서 "나에게 돈이란 무엇입니까?"라고 물으면 대답은 다양하다.

"내 인생의 전부다." "나의 힘이다." "나의 생명이다."

나는 이렇게 답한다. "나에게 돈은 짝사랑이다." 아무리 원해도 쉽게 떠나 버리고, 잠시 머물다가도 사라진다. 붙잡으려 해도 잡

[이미지 1] 돈이란?

히지 않는다. 그래서 돈은 휘발성이 강하다. 조금만 방심해도 눈앞에서 사라진다. 강의 중 한 참가자가 이렇게 말했다. "저는 급여 날 아침 9시면 통장이 텅 비어요. 한 달 내내 열심히 일했는데 정작 남는 게 없어요." 강의실은 웃음으로 가득했지만, 대부분은 고개를 끄덕이며 공감했다. 누구나 돈을 사랑하지만 돈이 곁에 오래 머물러 주지 않는다는 사실 때문이다.

현금흐름표와 누수자금

한 달 동안의 수입과 지출을 기록해 본 적이 있는가? 이것을 현금흐름표라고 한다. 아래 [이미지 2]는 내가 재무설계 강의에서 사용하는 현금흐름표 양식이다.

수입		지출	
월평균 소득	근로소득	비 소비 지출	적금
	사업소득		연금
	임대소득		대출상환
	연금소득		종신보험
	이자배당소득		보장성
		소비 지출	생활비
			교육비
총 수입		총 지출	

[이미지 2] 현금 흐름표

여기서 중요한 것은 총수입에서 총지출을 뺀 금액이다. 이 금액이 반드시 플러스(+)여야 하는 것은 아니다. 최상의 상태는 '0'이다. 예를 들어 월 1,000만 원을 버는데 지출이 800만 원이라면 200만 원이 남아야 한다. 그런데 현실에서는 그 돈이 없다. 왜일까? 바로 누수자금 때문이다. 내가 썼지만 기억조차 없는, 없어도 전혀 문제되지 않는 지출이다. 누수자금이 생기는 이유는 목적이 없기 때문이다.

목적 없는 돈은 내 돈이 아니다

돈은 목적을 가질 때만 비로소 내 돈이 된다. 적금을 들 때도 마찬가지다. "왜 이 적금을 드는가?"라는 목적이 분명하지 않으면 만기 후에 금세 사라진다.

[이미지 3] 돈의 목적

목적이 없으면 누수자금이 늘어나고, 그것은 곧 나쁜 소비 습관으로 이어진다. 나쁜 소비 습관은 뱃살처럼 한 번 자리 잡으면 빼기가 힘들다. 결국 누수자금을 줄이고, 나쁜 소비 습관을 바꾸는 유일한 방법은 돈에 목적을 부여하는 것이다.

속도보다 방향이 중요하다

"당신은 이 일을 왜 합니까?" 가장 흔한 대답은 "돈을 벌기 위해서"였다. 그러나 "돈을 벌어서 무엇을 하겠다."라는 답이 없다면 돈은 언제나 불완전하다.

30년 동안 보험설계사를 관찰한 결과 영업 실적이 우수하고 돈과 명예를 다 이루었지만 겉만 화려하고 정작 자신의 가정 경제는 제자리인 보험설계사도 있다. 반면에 많이 벌지는 않지만 집 장만하신 분, 건물주가 되신 분, 노후 준비 다 하신 분, 자녀를 훌륭하게 키우신 분 등 자신의 직업을 통해 꿈을 이룬 분도 많다.

돈과 일은 속도가 아니라 방향이 먼저다.

방향이 틀리면 빠른 속도는 오히려 독이 된다. 힘들게 일하고 보람을 느끼는 자와 허무함을 느끼는 자의 차이는 일을 시작할 때 "이 돈을 어디에 쓰겠다."라는 명확한 목적을 세웠다면 결과는 달라졌을 것이다. 스스로에게 물어보라.

- 나는 이 일을 왜 하는가?
- 이 일을 통해 번 돈으로 무엇을 할 것인가?
- 내가 이루고 싶은 꿈은 무엇인가?

이 질문에 선뜻 답하지 못한다면 방향이 없는 것이다. 그러나 진짜 방향을 가진 사람은 표정에서 드러난다. 이 일을 통해 이루고 싶은 꿈을 생각만 해도 가슴이 뛰고, 웃음이 나며, 행복한 목적이 있다면 그것이 바로 비전이다.

돈 모으는 방법 Tip

17년간 재무설계 강의를 하면서 강조해 온 돈 관리의 기본 원칙은 세 가지다.

1. 통장 분리

- 통장 하나만으로는 절대 돈을 모을 수 없다. 목적별로 최소 세 개는 분리해야 한다.
① 수입 통장 — 모든 수입이 들어오는 계좌
② 고정지출 통장 — 적금, 주택자금, 교육자금, 연금, 보험 등 미래 자금을 위한 계좌(자동이체 필수)
③ 비상자금 통장 — 예상치 못한 상황에서 미래 자금을 지켜 주는 구명보트 역할

2. 비상자금 만들기
- 단순한 긴급비가 아니라 가정경제의 안전장치다.
- 월급 생활자는 최소 1개월치, 변동 소득자는 최소 2개월치 급여를 준비해야 한다.
- 비상자금이 있어야 적금·연금·보험을 중도 해약하지 않고 미래 자금을 지킬 수 있다.

3. 지출노트 쓰기
- 복잡한 가계부 대신 매일 지출을 간단히 기록한다.
- 3개월만 꾸준히 쓰면 반드시 지출이 줄고, 줄어든 금액에 목적을 부여할 수 있다.

마무리

내가 이 일을 하는 목적은 단순히 돈을 벌기 위해서가 아니다. "돈을 벌어서 무엇을 하고 싶은가?" 이 질문에 대한 명확한 답이 있어야 한다. 오늘 당신이 벌고 있는 돈에는 분명한 목적이 있는가? 그 목적이 당신의 일과 인생을 올바른 방향으로 이끌고 있는가?

돈에 목적을 부여하라

☑ 한 달 점검

- 이번 달 수입과 지출을 기록하고, 누수자금 항목 1개만 찾아내기.

☑ 작은 분리

- 통장을 세 개로 다 나누지 말고, 이번 주 안에 비상자금 통장 1개만 먼저 만들기.

☑ 지출 습관

- 오늘부터 1주일간 지출을 손으로 기록해 보기.
- 매일 작은 금액이라도 적으며 하루를 마무리하기.

나의 행동 한 가지

나에게 묻기

질문 1

내가 이 일을 시작할 때 가졌던 꿈이나 이유는 무엇이었는가?

_____

_____

질문 2

지금 나를 가슴 뛰게 만드는 목표는 무엇인가?

_____

_____

질문 3

힘들 때마다 나를 다시 일으켜 세운 목표나 이유는 무엇이었는가?

_____

_____

비전은 나를 움직이는 힘이다

비전이란 무엇인가?

비전(Vision)은 사전적으로 시각, 미래에 대한 상상이라는 뜻을 담고 있다. 즉, 이루고 싶은 꿈과 원하는 삶의 모습을 눈앞에 보이듯 그려 내는 것이 비전이다. 비전은 반드시 문서화해야 한다. 머릿속에만 두어서는 안 된다. 글로 적고, 그림으로 표현하고, 매일 입 밖으로 말해야 한다. 비전을 글로 적어두는 사람은 전체의 10%에 불과하다는 말이 있다. 그런데 흥미롭게도, 그 10%의 대부분은 실제로 그 비전을 현실로 만들어 낸다는 것이다. 비전은 상상에서 시작되지만, 현실이 되도록 만드는 힘은 기록과 반복에서 나온다.

당신은 지금 열심히 달리고 있지 않은가? 그런데 혹시 그 길이 런닝머신 위는 아닌가? 땀은 흘리지만 제자리걸음만 하고 있는 답답함은 없는가? 이유는 단순하다. '왜 이 일을 하는가'에 대한 명확한 답이 없기 때문이다. 비전은 단순한 희망 사항이 아니다. 비전은 나를 자동으로 움직이게 하는 힘이다. 그 힘이 없다면 언젠가 발걸음은 멈추고 만다.

비전은 '자동으로 움직이게 하는 힘'

비전은 단순한 미래의 목표가 아니다. 그것은 나를 움직이는 원동력이다. 넘어졌을 때 다시 일어서게 하는 손잡이, 흔들릴 때 중심을 잡아주는 기둥이 된다. 보험 영업 현장에서 늘 느낀다.

"영업은 움직임에서 시작되며, 그 움직임의 출발점은 가슴이다."

가슴을 뜨겁게 만들고, 열정을 불러일으키는 힘, 그것이 비전이다. 비전이 있는 사람은 억지로 움직이지 않는다. 다짐하기 전에 이미 몸이 반응한다. 이것이 바로 비전의 힘이다.

비전은 '두려움을 용기와 자신감으로 바꾸는 힘'

올림픽 선수들을 떠올려 보자. 전 세계가 지켜보는 무대에서 단 한 순간이 승부를 가른다. 그들은 왜 수년간 고된 훈련을 견디며 두려움 속에서도 출발선에 설 수 있을까? 그들을 버티게 한 힘은 바로 비전이다.

비전이 있기에:

- 매일 반복되는 훈련을 견딘다.
- 쓰러져도 다시 일어난다.
- 포기하고 싶은 순간에도 자신을 붙든다.

우리의 일도 다르지 않다. 보험 영업은 결코 쉽지 않다. 10명이 입사

하면, 1년 뒤 평균 3명만 남는다. 왜 어떤 사람은 오래 버티고, 또 어떤 사람은 일찍 포기할까? 보험은 눈에 보이지 않는 상품이고, 고객이 당장 필요로 하지 않는 경우가 많다. 성과 압박, 거절, 흔들리는 멘탈… 포기하고 싶은 순간이 일상처럼 찾아온다. 이때 버티게 해 주는 힘은 무엇인가? 바로 비전이다.

비전은 두려움을 용기로, 불안을 자신감으로 바꿔 준다.

비전은 '수동적 행동을 능동적 행동으로 바꾸는 힘'

보험설계사는 크게 두 부류로 나눌 수 있다. 수동적인 사람과 능동적인 사람. 그 차이는 비전에서 시작된다.

비전이 있는 사람은:
- 아침부터 표정이 밝다.
- 하루를 스스로 설계하고 움직인다.
- 실패해도 방향이 분명해 다시 일어난다.
- 고객을 만나고 움직일 이유가 분명해 행동이 끊기지 않는다.

비전이 없는 사람은:
- 억지로 출근한다.
- 시키는 일만 하고 주도성이 없다.

- 작은 행동도 쉽게 미룬다.
- 자신감이 없고 표정이 늘 무겁다.

아침마다 활기차게 사무실에 들어오는 동료가 있었다. 같은 일을 하지만 그의 얼굴에는 늘 이유 있는 자신감이 보였다. 그에게는 비전이 있었기 때문이다.

보험설계사는 사업자번호를 가진 사업가다. 자기 사업계획에 따라 능동적으로 활동해야 한다. 그러나 현실은 여전히 "이것 해라, 저것 해라"라는 지시가 반복되는 구조다. 개인이 스스로 움직이지 않으면 결국 수동적 태도에서 벗어나지 못한다. 이유는 단순하다. 비전이 없기 때문이다. 그래서 나는 설계사들에게 이렇게 말한다.

"스스로 움직이고 싶다면 비전을 가져라. 방법이 없다는 것은 비전이 없기 때문이다."

내가 깨달은 후회 ─ 비전을 묻지 않은 10년

지점장으로 일했던 10년 동안, 나는 성과와 실적만 물었다. "이번 달 목표 달성 가능합니까?" "이번 주 예약 건수는 몇 건입니까?" 그러나 정작 "당신의 비전은 무엇입니까?"라는 질문은 한 번도 하지 않았다. 조직의 목표만 강조했을 뿐이다. 나중에 비전의 중요성을 깨달았을 때, 가슴이 아팠다. 성공하는 조직의 첫 번째 조건은 구성원 각자가 자신의 비전을 갖고, 그것을 공유하며 서로 돕는 것이었다. 만약 일주일에 한 번이라도 각자의 비전을 이야기하고 응원하는 시간을 가졌더라면 어땠을까? 조금만 도와줬더라면 더 큰 보람이 있었을 것이다. 개인의 비전 없이 조직의 비전만 외치는 것은 지도 없이 항해하는 것과 같다. 개인의 비전이 있어야 조직의 비전도 달성된다.

마무리

제자리에서 땀만 흘리는 런닝머신을 멈추고, 이제는 비전이 알려 주는 목적지를 향해 걸어가야 한다. 그 길 위에서 흘리는 땀은 내 삶의 진짜 변화를 만들어 낼 것이다.

능동적인 행동으로 바꾸기

☑ 하루 점검

• 오늘 내가 능동적으로 한 행동 1가지, 수동적으로 한 행동 1가지를 기록하기.

☑ 전환 시도

• 수동적으로 한 행동 1가지를 골라, 내일 능동적으로 바꿀 방법 1가지 적기.

☑ 비전 생활화

• 내 비전을 한 문장으로 써서 매일 눈에 보이는 곳(책상, 다이어리, 휴대폰 배경)에 붙여 두기.
• 하루를 마칠 때, 오늘 행동이 그 비전과 연결되었는지 점검하기.

나의 행동 한 가지

나에게 묻기

질문 1

지금 내 삶을 '사진 한 장'으로 표현한다면, 어떤 장면이 떠오르는가?

질문 2

생각만 해도 웃음이 나고 가슴이 뛰는 순간은 언제였는가?

질문 3

지금 내가 가장 갖고 싶은 것은 무엇인가?

가슴 뛰는 삶, 비전을 그려라

비전은 뼈에 새겨라

핏빛처럼 선명한 비전을 가져라. 가슴 뛰는 비전을 가져라. 내가 원하는 삶을 사진처럼 구체화하고, 그 비전을 뼈에 새겨라. 예전에 그룹 교육에서 한 참가자가 발표한 내용이 아직도 기억난다. 그는 이렇게 말했다. "저는 병원에서 X-레이를 찍으면 제 뼈에 회사 마크가 보입니다." 회사에 대한 충정과 애정이 얼마나 큰지를 보여 주는 말이었다. 나는 그때 강렬한 울림을 받았다. 그래서 종종 이렇게 이야기한다.

"핏빛처럼 선명한 비전을 뼈에 새기십시오. 교육이 끝나면 정형외과에 가서 X-레이를 찍어 보세요. 뼈에 비전이 새겨져 있으면 제대로 배운 것이고, 아무것도 없다면 다시 세우셔야 합니다." 농담처럼 전하지만 메시지는 강력하다. 비전은 가슴 깊이 새겨져야만 힘을 발휘한다.

지금 내가 이 책을 쓰고 있는 이유도 같다. 하루를 그냥 흘려보낼 수도 있었지만, 오랫동안 간직해온 '책을 쓰고 싶다'는 꿈이 있었기에 포기하지 않았다. 그 꿈이 나를 몰입하게 했고, 밤중에 깨서 메모하게 했으며, 장소를 가리지 않고 글을 쓰게 만들었다. 어깨가 아프고 오타가 쏟아져도 포기하지 않게 한 힘, 그것이 바로 비전이었다.

비전은 지칠 때 다시 일어나게 하는 숨은 엔진이다.

어려움 속에서도 앞으로 나아가게 한다. 선명한 비전은 매일 아침 나를 일으켜 세우는 이유이며, 발걸음을 내딛게 하는 원동력이다.

비전은 하루아침에 생기지 않는다

나는 오랫동안 안정적인 직장 생활을 하면서도 퇴직 이후의 삶을 막연하게만 그렸다. 그러던 어느 날 세미나에서 들은 한 마디가 내 인생을 바꾸었다.

"당신이 살고 싶은 삶은 무엇입니까?" 그 질문이 마음을 뒤흔들었다. 그제야 스스로에게 묻기 시작했다.

- 나는 어떤 삶을 살고 싶은가?
- 이 일을 통해 이루고 싶은 꿈은 무엇인가?

이 질문에 바로 답할 수 있는 사람은 많지 않다. 어떤 이는 1년이 걸리기도 한다. 그러나 꾸준히 생각하고, 말하고, 상상하다 보면 어느 날 사진 한 장이 눈앞에 떠오른다. 그리고 점점 구체화되며 선명한 컬러사진이 된다.

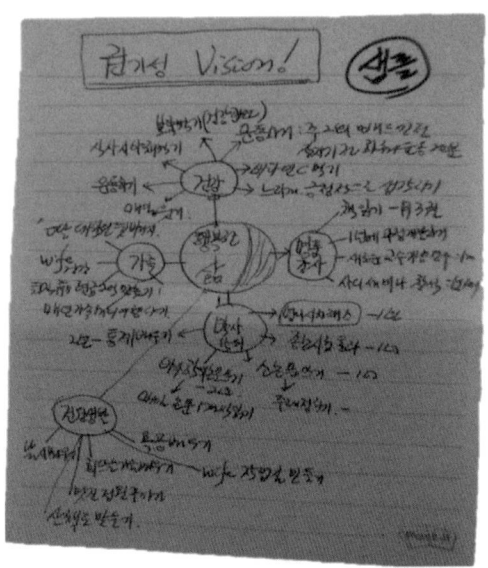

[이미지 4] 손 글씨로 작성한 비전 초안

　내 경우도 그랬다. 15여 년 전, [이미지 4]는 내가 처음으로 비전을 정리했던 메모다. 엉성하고 지저분하지만, 바로 이 종이가 내 삶의 방향을 바꾸었다.

　비전은 머릿속에서만 머무르면 안 된다. 삶의 한 장면처럼 눈에 보이는 그림으로 표현되어야 한다. 그 순간 방향이 생기고, 에너지가 생기며, 행동이 따라온다.

나의 세 장의 비전 사진

시간이 흐른 지금 돌아보면, 초안에 적었던 여러 꿈 가운데 실제로 현실이 된 것들이 있다. 마치 사진처럼 내 삶에 남아 있다.

[이미지 5] 전원주택 사진

전원주택에서 자연과 함께 살아가는 비전

아파트에서 퇴직 후를 보내는 것은 숨 막히는 일처럼 느껴졌다. 그래서 살고 싶은 집을 구체적으로 그렸고, 결국 땅을 사고 설계도를 수백 장이나 그렸다. 지금은 전원주택에서 8년째 살고 있다.

[이미지 6] 기업 강의하는 사진

전국을 돌며 강의하는 강사의 비전

퇴직 후 자유롭게 내가 하고 싶은 강의를 하며 아내와 함께 여행하는 삶을 꿈꿨다. 지금 나는 그 비전을 현실로 살고 있다.

[이미지 7] 대학 강의실 사진

대학 강단에서 학생들과 함께하는 비전

47세에 대학원에 입학해 석·박사 과정을 마치고, 54세에 대학 강단
에 섰다. 수많은 밤을 논문으로 지새우고, 힘든 순간을 버텨 낸 원동력
은 바로 비전이었다.

나의 비전은 거창하지 않았다. 그러나 분명히 내가 원하는 삶이었
다. 그래서 확신한다. 비전이 선명하면 행동은 반드시 따라온다.

비전보드 만들기 — 실습 단계

[이미지 5] 비전보드는 나의 미래를 시각적으로 구체화하는 도구이
다. 글로만 쓰는 목표보다 훨씬 강한 동기부여가 된다. 아래 양식을 활
용해 직접 나만의 비전보드를 만들어 보자.

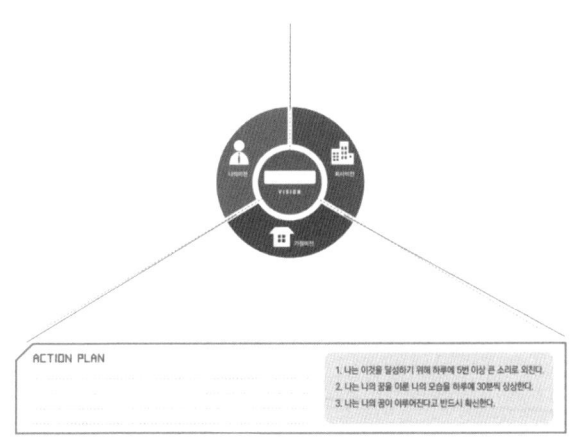

[이미지 8] 비전보드

1. 꿈을 자유롭게 적는다

개인의 꿈, 회사에서의 꿈, 가정의 꿈, 갖고 싶은 것, 하고 싶은 것, 되고 싶은 것 무엇이든 떠오르는 대로 적는다.

2. 가슴이 가장 뛰는 것을 선택한다

선택한 꿈을 매일 상상하고, 말하고, 그려 본다.

3. 시각 자료를 찾는다

인터넷이나 잡지에서 관련된 사진이나 그림을 찾아 붙인다.

4. 매일 확인한다

책상 앞이나 자주 보는 곳에 붙이고, 아침마다 큰소리로 세 번 말한다.

5. 지속적으로 수정한다

비전이 바뀌면 사진을 교체하고, 새로운 꿈을 다시 붙인다.

사진을 붙이고 매일 바라보는 순간, 어느새 몸이 먼저 움직이는 자신을 발견하게 될 것이다.

마무리

비전은 거창할 필요가 없다. 진심으로 원하는 삶, 가슴 뛰는 순간을 그리는 것에서 시작된다. 그 한 장의 칼라사진이 행동을 바꾸고, 결국 인생을 바꾼다. 내 삶의 성공을 위한 첫 번째 조건은, 가슴 뛰는 비전을 찾는 것이다.

비전보드 활용법

☑ 비전보드 작성하기

- 하고 싶은 일, 갖고 싶은 것, 되고 싶은 것을 제한 없이 적기.
- 그중 가장 가슴 뛰는 목표 1개를 우선 선택하기.

☑ 시각화하기

- 목표와 관련된 사진이나 그림을 인쇄하기.
- 책상 앞이나 자주 보는 곳에 붙이고 매일 확인하기.

☑ 매일 반복하기

- 사진을 보며 큰소리로 3번 말하기.
- 오늘 하루, 비전과 연결되는 행동 1가지를 기록하기.

나의 행동 한 가지

보험설계사는 단순히 상품을 판매하는 사람이 아니다. 고객의 삶과 가정을
지켜 주는 '경제 안전망'을 설계하는 사람이다. 이 일을 직장인이 아닌 사업가
의 자세로 바라볼 때, 비로소 영업의 기초체력을 쌓고 흔들림 없는 전문가로
성장할 수 있다.

WHAT?

내가 하는 일은 무엇인가?

나에게 묻기

질문 1

나는 고객 앞에서 보험설계사가 하는 일을 자신 있게 말할 수 있는가?

질문 2

내가 이 직업에서 가장 자부심을 느끼는 순간은 언제였는가?

질문 3

지금 내가 생각하는 보험설계사의 가장 중요한 역할은 무엇인가?

보험설계사의 정체성

보험설계사의 명칭은 다양하다. FP(Financial Planner), FC(Financial Consultant), FA(Financial Adviser). 하지만 직함보다 중요한 것은 '나는 어떤 일을 하는 사람인가'를 자신 있게 정의할 수 있어야 한다.

현장에서 고객이 명함을 보고 "보험설계사는 무슨 일을 하는 사람입니까?"라고 묻는다면, 많은 설계사들이 잠시 멈칫한다. "재무설계사입니다."라고 답하면, 이어서 "그렇다면 재무설계사는 무엇을 하는 사람입니까?"라고 다시 묻는다. 대부분은 '보험 설계', '보장 준비', '컨설턴트'와 같은 단편적인 말로만 설명한다. 내가 하는 일을 자신 있게 설명하는 설계사는 드물다. 이는 곧 직업의 본질을 충분히 이해하지 못했다는 뜻이다.

보험설계사의 진짜 정의

보험설계사의 사전적 정의는 이렇다.

- 고객에게 필요한 보험을 찾아 주고 가입을 돕는 사람
- 위험(질병, 사고, 노후, 사망)에 대비하도록 설계하는 사람

• 가입 절차와 보험금 청구를 안내하는 사람

보험설계사는 단순히 상품을 파는 사람이 아니다. 사람의 삶과 가족을 지키는 금융 파트너이며, 고객이 위기 속에서도 무너지지 않도록 미리 준비하게 돕는 직업이다.

마지막 내용의 정의에 나는 깊이 공감한다. 하지만 나는 여기에 더 깊은 가치를 부여하고 싶다. 내가 정의한 보험설계사는 이렇다.

"고객의 가정 경제를 안전하게 지키며,
경제적으로 행복하게 완주할 수 있도록 도와주는 사람."

여기서 핵심은 '도와주는 사람'이라는 점이다. 단순히 보험상품을 판매하는 사람이 아니라, 고객에게 실질적인 도움을 주는 사람이라는 것이다.

국가가 보험설계사에게 자격증을 준 이유

국가가 "의사에게 자격증을 준 이유는 무엇입니까?" "변호사에게 자격증을 준 이유는 무엇입니까?"

이렇게 물으면 바로 대답을 한다. 그런데 국가가 "보험설계사에게 자격증을 준 이유는 무엇입니까?" 라고 물으면 제대로 답을 하지 못한다.

"보험을 팔라고" 라는 대답을 하고 싶은데 그 답은 아닌 것 같다는 것은 스스로 안다. 그래서 잠시 생각하게 된다. 과연 보험설계사에게 자격증을 준 이유는 무엇일까? 이 세 직업에는 공통점이 있다.

모두 도와주는 사람이라는 점이다.

- 의사는 아픈 사람을 돕는다.
- 변호사는 억울한 사람이 없도록 돕는다.
- 보험설계사는 고객이 사고, 질병, 노후와 같은 인생의 위기를 맞더라도 무너지지 않도록 미리 미래를 준비할 수 있도록 돕는다.

보험설계사라면 청약을 받지 못하고 돌아왔을 때, 단순히 계약 못한 아쉬움이 아니라 고객을 걱정하는 마음 때문에 쉽게 잠들 수 없어야 한다. 바로 그 도와주고 싶은 마음이 다음 고객을 만나게 하는 원동력이다. 보험설계사는 의사와 변호사처럼 사회적 책임을 다해야 할 사명이 있다.

보험설계사의 정체성

보험업계에서는 보험설계사의 사명을 'SHIP'이라는 말로 표현하기도 한다. '배(ship)'라는 뜻처럼, 보험설계사는 고객과 함께 긴 항해를 하는 동반자라는 메시지를 담고 있다. 즉, SHIP은 "고객을 돕고, 끝까지 함께 가는 설계사의 자세"를 상징한다. 이는 곧 설계사가 처음부터 가져야 할 마음가짐이자, 고객을 돕고 나눔을 실천하는 직업의 본질적 태도다. 이 사명을 명확히 알고 있는 설계사는 고객을 만날 때 '계약'이 아니라 '도움'을 먼저 생각한다.

그러나 현실에서는 많은 신입 설계사들이 처음부터 계약을 최고의 가치로 여기고, 직업의 참된 가치를 알지 못한 채 일을 시작한다. 그 결과 경력이 쌓여도 본질을 깨닫지 못하고, 뒤에 들어오는 신입 또한 똑같은 행동을 반복하는 악순환이 이어진다. 따라서 신입이 등록하는 순간부터, "내가 하는 일은 가족의 삶을 지키는 숭고한 일"이라는 자각을 심어 주는 교육이 필요하다. 보험설계사의 사명이 마음 깊이 자리 잡을 때, 비로소 보험설계사의 정체성이 바로 설 수 있다.

마무리

보험설계사의 정체성은 '계약'에서 시작되지 않는다. 도움을 주는 마음에서 시작된다. 이 직업은 누구나 도전할 수 있지만, 아무나 할 수 있는 일은 아니다. 왜냐하면 보험설계사의 사명은 내가 아니라, 고객을 먼저 도와주는 데 있기 때문이다.

☑ 나만의 정의문 작성

• 내가 생각하는 '보험설계사'의 정의를 한 문장으로 정리하고, 매일 아침과 저녁에 읽기.

☑ 사명 선언 습관화

• 고객을 만나기 전, "나는 고객을 돕는 사람이다."라고 큰 소리로 말하기.

☑ 하루 회고

• 하루가 끝나면, 오늘 만난 고객에게 상품보다 '도움'을 먼저 주었는지 스스로 점검하기.

나의 행동 한 가지

나에게 묻기

질문 1

나는 보험설계사 일을 하면서 가장 보람을 느꼈던 순간은 언제였는가?

질문 2

나는 보험설계사로서 가장 아쉬웠던 경험은 무엇인가?

질문 3

나는 보험설계사로서 무엇을 팔고 있는가?

질문 4

고객이 "이 보험 얼마예요?"라고 물을 때, 나는 보험료와 보험금 중 무엇을
먼저 말하는가?

보험설계사가 팔아야 하는 것은 상품이 아니다

상품이 아니라 '미래'를 팔아라

보험설계사가 팔아야 하는 것은 상품이 아니라 미래다. 예상치 못한 사고나 질병이 닥쳐도 가정경제가 무너지지 않도록 준비시키는 것, 그 것이 설계사의 사명이다. 하지만 대부분의 고객은 미래를 준비하지 않는다. 만약 고객이 스스로 알아서 준비한다면 보험설계사가 굳이 필요할까? 문제는 인간의 뇌가 본능적으로 불안한 미래를 회피한다는 데 있다.

미래를 떠올리면 기대와 희망보다 불안과 걱정이 앞서는 경우가 많다. 불안이 커지면 스트레스와 혈압이 올라가고, 뇌는 이를 생존 위협으로 받아들여 회피 반응을 일으킨다. 그래서 사람은 본능적으로 불편한 미래를 외면한다. 질병, 사고, 노후 이야기가 머리와 마음을 무겁게 하기 때문이다. 결국 준비 없이 위기를 맞고서야 후회하는 경우가 많다.

예를 들어 갑작스러운 암 진단으로 치료비 8천만 원이 필요할 때, 보험이 없다면 생활 기반은 크게 흔들린다. 하지만 준비가 되어 있다면 치료에만 집중할 수 있고 가정경제도 지킬 수 있다.

현장의 목소리

전국에서 모인 보험설계사들에게 물어보았다.

"입사 후 언제 가장 보람을 느꼈습니까?"

"입사 후 가장 아쉬웠던 순간은 무엇인가?"

보람 있었던 순간으로는 모르는 고객을 소개받아 첫 방문에서 계약이 성사되고, 그 첫 계약이 꾸준한 소개로 이어져 성공의 발판이 된 경험이 있었다. DB 마케팅 영업으로 성과를 낸 사례, 1년을 방문한 끝에 신뢰를 받아 고액계약을 해 준 사례 등 보람 있었던 순간을 이야기한다. 그러나 많은 설계사들이 입을 모아 말하는 가장 큰 보람은 따로 있었다. 바로 고객에게 보험금이 지급될 때였다. 한 설계사는 이렇게 말했다.

"세 번의 거절 끝에 어렵게 성사된 계약이 있었습니다. 그런데 1년 후 고객이 암 진단을 받았고, 보험금을 받아 무사히 치료를 마친 뒤 저에게 고맙다고 인사했습니다. 그 순간만큼 보람을 크게 느낀 적은 없습니다."

반대로 아쉬움도 있었다. 자신이 보험회사에 다닌다는 사실을 알리지 않아 계약을 놓친 경우, 이미 건강 상태가 악화되어 가입할 수 없었던 경우, 어렵게 체결한 계약이 청약철회나 해지로 무산된 경우가 그것이다. 그러나 가장 아쉬움이 많이 남는 경우는 적극적으로 권유하지 않아, 고객이 정작 필요할 때 보험금을 받지 못하거나 적게 받을 때 설계사로서 책임을 다하지 못한 미안함이 남을 때라고 한다. 보험금을 받지 못해 힘들어한 고객, 반대로 준비가 되어 있어 위기를 극복한 고객. 같은 상황에서 갈라지는 이 차이가 보험설계사의 존재 이유다.

통계가 말해 주는 가치

2024년 생명, 손해보험협회 통계 연보를 바탕으로 보면 사망, 입원, 수술 등 보장성 보험금 기준으로 생명보험은 약 30조 원, 손해보험은 약 40조 원 수준의 보험금이 지급되고 있다.

연간 보험금 지급이 무려 70조 원이라는 사실에 나는 깜짝 놀랐다. 70조 원은 단순한 금액이 아니다. 매 순간 누군가가 병원비를 내고, 가족이 생계를 이어 가는 실제 삶의 비용이다. 보험금은 돈이 아니라 위기를 버티게 해 주는 시간이다. 보험설계사가 보험을 권유하지 않았다면 그 막대한 치료비, 수술비, 간병비, 그리고 사망으로 인한 소득 중단을 고객은 고스란히 혼자 감당해야 한다.

그것은 한 사람의 문제가 아니라 한 가정의 미래와 생계가 무너질 수 있는 위험이다. 그래서

보험은 서류가 아니라 가정을 지키는 장치이며,
보험설계사는 계약을 받는 사람이 아니라
고객의 삶을 지켜 주는 경제적 안전망의 연결자다.

보험금이 지급된다는 말은 돈이 움직였다는 뜻이 아니라, 누군가의

삶이 다시 서 있었다는 기록이다.

상품이 아니라 꿈과 희망을 팔아라

"어떤 삶을 살고 싶으세요?"라고 물으면 많은 사람들이 이렇게 답한다.

- 돈 걱정 없는 삶
- 가격표 안 보고 쇼핑하는 삶
- 돈으로부터 자유로운 삶

보험설계사의 역할은 단순히 돈을 모아 주는 것이 아니라, 고객이 경제적으로 행복한 삶을 살 수 있도록 준비시키는 것이다. '경제적 행복이란' 돈이 많은 상태가 아니라 필요할 때 필요한 만큼 미리 준비자금을 꺼낼 수 있는 상태를 말한다.

- 자녀가 방을 갖고 싶어 할 때 더 넓은 집으로 이사하는 것
- 갑작스러운 유학 기회를 빚이 아니라 준비된 자금으로 지원하는 것
- 노후에 매달 연금 500만 원이 죽을 때까지 나오는 것

이런 순간들을 가능하게 해 주는 것이 보험설계사의 일이다.

현장의 목소리: 인생 = 마라톤

인생이 마라톤에 자주 비유되는 이유는 간단하다. 길고, 힘들기 때문이다.

[이미지 9] 마라톤

나는 고객에게 이렇게 묻곤 한다. "이 길고 힘든 인생을 어떻게 살고 싶으세요?" 대부분은 한결같이 대답한다. "행복하게 살고 싶습니다." 그러면 다시 묻는다. "행복에도 여러 종류가 있습니다. 그 중에서 '경제적으로 행복'하게 살 수 있다면 더 좋지 않을까요?" 고객은 대개 고개를 끄덕이며 "네."라고 답한다. "마라톤에서도 뛰다가 목이 마르면 물을 마실 수 있도록 중간에 급수대가 준비되어 있죠? 인생도 마찬가지입니다. 살다가 돈이 필요할 때, 미리 준비가 되어 있다면 얼마나 든든할까요?" 고객은 미소 지으며 말한다. "그렇게만 된다면 정말 행복하겠네요." 나는 마지막으로 이렇게 되묻는다. "그렇다면 행복은 언제까지 이어져야 할까요?"

"물론, 인생을 완주할 때까지죠."

하지만 문제는 여기서 끝나지 않는다. 42.195km를 간신히 완주했는데, 도착지에 이런 푯말이 서 있다면 어떨까? "20km를 더 뛰세요." 요즘 인간의 수명은 갈수록 길어지고 있다. 여성 평균 수명은 이미 90세에 가까워지고 있다. 지금 50대가 90세에 도달한다면, 그때는 수명이 100세를 넘을지도 모른다. 긴 수명은 준비된 사람에게는 축복이지만, 준비되지 못한 사람에게는 재앙이다. 그래서 우리는 고객이 경제적으로 행복하게 인생을 완주할 수 있도록 돕는 사람이다. 바로 꿈과 희망을 미리 준비할 수 있도록 안내하는 것, 그것이 보험설계사의 역할이다.

상품이 아니라 '신뢰'를 팔아라

보험설계사에게 "무엇을 팔아야 합니까?"라고 물으면 대부분은 잠시 당황한 표정을 짓는다. 그리고 열에 아홉은 "상품"이라고 대답한다. 어떤 이는 자신 있게 특정 보험상품 이름을 말하기도 한다.

물론 최종적으로 상품을 판매하는 것이 맞다. 하지만 보험은 눈에 보이는 물건이 아니기에, 고객은 상품이 아니라 설계사 자신을 보고 계약을 한다. 상품 설명만 듣고 "이 상품이 너무 좋아서 가입하겠다"는 경우는 거의 없다. 결국 고객의 마음을 움직이는 결정적 요소는 신뢰다.

신뢰를 얻기 위해서는 세 가지가 필요하다.

1. 일관성 — 말과 행동이 언제나 같고, 작은 약속도 반드시 지킨다.
2. 진정성 — 판매보다 고객의 필요를 먼저 생각한다.
3. 공감 — 고객의 상황과 감정을 먼저 이해한다.

고객은 설계사가 자신을 도와주러 왔는지, 단순히 계약을 따내려는지 금세 알아챈다. 따라서 자신 없는 태도로 "도와주세요."라는 자세보다, 당당하게 "도와드리겠습니다."라고 말하는 것이 낫다. 중요한 것은 이런 자신감 있는 모습과 태도를 꾸준히 보여 주는 것이다. 그것이 쌓이면 결국 고객은 상품이 아니라 사람, 곧 나 자신을 선택한다.

현장의 목소리

10여 년 전, 연수원에서 신인 설계사의 발표 준비를 도와준 적이 있다. 지금은 대형 보험사 Top5 안에 드는 인재가 되었지만, 그의 출발선은 다름 아닌 새벽 시장이었다.

그는 매일 새벽 시장에 나가 상인들에게 인사를 하고, 겨울이면 따뜻한 차를 준비해 건넸다. 그러나 처음부터 보험상품을 권하지 않았다. 대신 상인들에게 비상자금 통장을 만들 수 있도록 도와주며 위기 대비의 중요성을 알려 주었다.

매일 새벽 인사는 일관성이었고, 따뜻한 차와 비상자금 통장은 진정성이었다. 그리고 시장 상인의 상황을 먼저 이해한 태도는 곧 공감이었다. 이 세 가지가 상인들의 마음을 열었고, 신뢰가 쌓이자 자연스럽게 상담이 이어졌고, 결국 계약으로 연결되었다.

이 사례는 보험 영업의 본질을 잘 보여 준다. 보험은 상품이 아니라 신뢰를 파는 일이다. 꾸준한 행동과 고객 중심의 태도가 최고의 영업 전략임을 증명한다.

보험료가 아니라 보험금을 팔아라

한 가정에 큰 사고나 질병이 닥치면 필요한 치료비는 적지 않다. 그런데 많은 보험설계사들은 고객이 "이 보험 얼마예요?"라고 물으면 "15만 원입니다." "20만 원입니다."라고 대답한다. 하지만 설계사는 보험료가 아니라 보험금을 팔아야 한다. 우리는 매달 10만 원을 받는 사람이 아니라, 고객에게 1억 원의 가치를 전하는 사람이다.

벤츠 S클래스가 1억 5천만 원 하는 차를 샀다고 하자. 누가 "이 차 얼마예요?"라는 질문에 "월 60만 원이에요."라고 할부금을 이야기하는 사람이 있을까? 당연히 "1억 5천만 원"이라고 말할 것이다. 1억 5천만 원이라는 가치를 보고 산 것이지 할부금 60만 원을 보고 산 것이 아니기 때문이다.

보험도 마찬가지다. 보험료가 아니라 고객이 받을 수 있는 총 보장금액으로 말해야 한다.

"고객님 이 보험은 1억입니다."

이렇게 이야기해야 고객도 "아! 이 보험에 가입하면 1억의 보장을 받을 수 있구나."라고 생각할 것이고 자기가 가입한 보험의 가치를 느끼게 될 것이다. 그리고 고객이 보험료 1~2만 원 깎는다는 이야기를 많이 하는데 그럴 때 "보험료를 줄이면 보장이 2천만 원이 줄어듭니다."라는 한마디가 고객의 결정을 바꿀 수 있다.

마무리

보험설계사는 상품을 파는 사람이 아니다. 우리는 고객에게 미래를 팔고, 꿈과 희망을 팔고, 신뢰를 파는 사람이다. 고객은 결국 상품이 아니라 '나'를 선택한다. 그리고 그 선택이, 고객의 인생을 지켜 준다.

☑ '가치 언어' 사용

- 상담할 때 보험료 대신 총 보장금액을 먼저 말하기.

  예) "이 보험은 월 15만 원짜리가 아니라, 1억 보장을 드립니다."

☑ '도움 선언' 실천

- 하루에 최소 1번 고객에게 "저는 도움을 드리기 위해 왔습니다."라고 말 하기.

☑ 하루 기록

- 오늘 고객에게 보여 준 '도움의 행동' 1가지를 기록하기.

  예) 보험료 절감 조언, 가족 상황 경청, 생활비 설계 점검 등

나의 행동 한 가지

나에게 묻기

질문 1

나는 이 직업을 얼마나 좋아하는가?

(10점 만점으로 스스로 점수를 매긴다면 몇 점인가?)

질문 2

보험설계사는 사업가인가, 샐러리맨(직장인)인가?

질문 3

보험설계사로서 연간 또는 월간 목표가 명확하게 세워져 있는가?

질문 4

나는 지금 내 시간을 스스로 관리하며 일하고 있는가?

나는 비즈니스 오너인가, 샐러리맨인가?

일은 좋아해야 잘할까? 잘해야 좋아할까?

나는 종종 이런 질문을 던져 본다. "사우나를 좋아하십니까?" 사우나에서 '때'가 많이 나오면 어떤 기분이 드는지 물으면 사람마다 반응이 다르다. 나는 사우나를 즐기지 않는다. 그래서 때가 많이 나오면 '시간이 더 걸리겠구나' 하고 부담스럽다. 반면 아내는 시원하고 개운하다며 좋아한다. 이처럼 좋아하는 사람과 그렇지 않은 사람은 같은 상황에서도 마음가짐과 행동이 다르다. 그래서 다시 묻는다. "이 일을 잘해야 좋아질까, 좋아해야 잘할까?"

많은 이가 "좋아해야 잘한다"고 말한다. 맞다. 하지만 좋아한다고 반드시 잘하는 것은 아니다. 반대로, 잘하게 되면 좋아질 가능성은 매우 높다. 노래 잘하는 가수나 운동 잘하는 선수는 더 열정적으로 지속한다. 이 일도 마찬가지다. 취미는 좋아하기만 해도 되지만, 직업은 다르다. 좋아하는 것만으로는 부족하다. 직업은 좋아하면 좋지만 잘해야 하는 것이 필수 조건이다. 잘하면 자연스럽게 더 좋아하게 된다.

나 역시 강의를 무척 좋아하지만, 좋아하는 마음만으로 여기까지 온 것은 아니다. 퇴직 후에도 강의를 계속할 수 있었던 건, 좋아함에 더해

잘하려는 꾸준한 노력이 있었기 때문이다. 결국 이 일이 내 직업이 되려면 잘해야 하는 게 맞다.

최근 뉴스에서도 보험설계사의 위상은 달라지고 있다. 2025년 현재 보험설계사의 수는 50만 명을 넘어 역대 최고 수준을 기록했다. 단순히 일자리가 부족해서 몰린 것이 아니다. 이제 보험설계사는 단순 판매원이 아니라, 고객의 재무 안전을 설계하는 전문가이자 독립된 비즈니스 오너로 가치를 인정받고 있다.

이처럼 사회적으로도 보험설계사의 직업적 가치는 점점 더 올라가고 있다. 그렇다면 우리는 더욱더 '사업가 마인드'로 이 일을 대해야 한다. 샐러리맨처럼 회사를 의존하는 태도가 아니라, 스스로 시간을 설계하고 성과를 만들어가는 오너로 서야 한다.

보험설계사는 샐러리맨이 아니라 사업가다

보험설계사라는 직업의 본질은 샐러리맨이 아니다. 정년, 소득, 시간. 이 세 가지 기준만 보더라도 보험설계사는 분명한 사업가형 직업이다. 샐러리맨은 회사의 틀과 규칙 안에서 일하지만, 보험설계사는 얼마나 벌고, 얼마나 일하며, 얼마나 오래 일할지 모든 것을 스스로 결정할 수 있는 직업이다.

이 차이를 가장 잘 보여 주는 것이 아래의 표다.

구분	사업가	샐러리맨
정년	하고 싶을 때까지	회사가 규정한 나이
근로시간	내 일정 내가 정한다	회사가 규정한 시간
소득	한 만큼 번다	준 만큼 일한다

내가 아는 설계사 중에는 독특한 영업 방식을 가진 분들이 있었다.

한 분은 회사에서 정한 월말 마감에 쫓기지 않았다. 스스로 기준을 세워 매월 15일까지 한 달 영업을 마무리하고, 남은 보름은 다음 달을 준비하는 기간으로 사용했다. 성과를 '쫓는' 사람이 아니라 성과를 설계하는 사람이었다.

또 다른 분은 요일별 루틴을 정했다. 월·화요일은 체결에 집중하고, 수·목·금요일은 고객과 친숙해지는 활동에 시간을 투자했다. 본인의 리듬에 맞게 시간을 설계하는 모습이 참 인상적이었다. 그들은 상황에 흔들리지 않고 자기 방식으로 영업을 운영하고 있었다.

반대로 어떤 이들은 월말까지 우왕좌왕하며 회사에서 시키는 일만 했다. 스스로 목표나 기준이 없다 보니 프로모션이 있으면 움직이고, 없으면 활동 동기가 떨어졌다. 다음 달을 준비하기보다 늘 마감에 쫓겨 급한 일만 처리하는 하루를 반복했고, 계획이 아니라 압박에 반응하는 영업을 했다. 결과가 좋지 않으면 회사 제도나 주변 환경을 탓하는 말을 쉽게 꺼냈고, 스스로 움직인 양보다 더 큰 성과를 기대하며 불평과 비교 속에서 자신감을 잃어 갔다.

결국 차이는 성과가 아니라 마인드였다. 앞선 설계사들은 스스로 설계하고 결정하는 사업가 마인드였고, 뒤의 설계사들은 회사에 의존하고 지시에 반응하는 샐러리맨 마인드였다.

같은 영업을 하더라도 접근 방식은 크게 다르다. 한쪽은 '사업가 마인드'를 가진 설계사, 다른 한쪽은 '샐러리맨 마인드'에 머문 설계사다. 사업가 마인드는 자기 계획과 기준을 세워 스스로 움직인다. 샐러리맨 마인드는 회사가 주는 지시와 환경에 따라 움직인다. 이 차이는 시간이 흐를수록 성과와 삶의 질에서 극명하게 갈라진다.

정년이 없다 ― 오래할수록 성과가 커진다

보험설계사의 평균 연령은 해마다 높아지고 있다. 보험연구원(2021년) 자료에 따르면, 생명보험 설계사의 평균 연령은 49.1세, 손해보험 설계사는 47.5세로 나타났다.

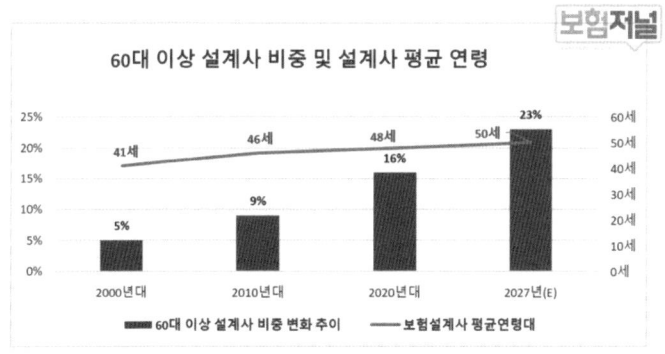

[이미지 10] 설계사 연령

[이미지 10] 60대 이상 설계사 비중 및 설계사 평균연령을 보여 주는 보험저널(2025년)에 따르면, 보험설계사 평균 연령은 2000년대 초반 41세에서 2010년대 46세, 2020년대 들어서는 48세로 꾸준히 올라왔으며, 2027년에는 50세에 이를 것으로 전망된다.

[이미지 11] 보험설계사 연령대 분포를 살펴보면, 30대는 14.1%에 불과하며, 40대는 30.6% 수준이다. 반면 50대가 전체의 34.4%로 가장 큰 비중을 차지하며, 60세 이상 설계사도 17%를 차지한다. 즉, 보험설계사의 절반 이상이 50대 이상이라는 점이 특징적이다.

[이미지 11] 보험설계사 연령별 비중 및 인원

이러한 통계는 보험설계사라는 직업이 나이가 들어도 꾸준히 활동할 수 있는 '정년 없는 직업'임을 보여 준다. 평균 연령이 높아지는 것은 단순히 나이 문제가 아니라, 조직의 지속 가능성을 보여 주는 자료다.

실제로 40년 이상 활동하는 베테랑 설계사들도 많고, 80세가 넘어서도 활발히 영업을 이어 가는 경우도 있다. 경험이 쌓일수록 고객 신뢰와 성과가 커진다는 점에서, 나이는 오히려 강점이 될 수 있는 직업이다.

보험설계사라는 직업이 시간이 쌓일수록 경험이 자산이 되고, 나이가 들어서도 꾸준히 활동할 수 있음을 보여 준다.

내가 퇴직 전인 2019년도에 대형 보험사 영업팀장을 대상으로 교육 프로그램 개발을 위해 실시한 조사에 따르면 영업팀장의 평균 연령은 53세였다. 팀장은 전체 인원의 10%가 안되지만 실적은 40%를 넘기고 있다. 즉 영업은 경력과 성과가 비례함을 보여 주는 사례다.

샐러리맨은 능력과 무관하게 나이로 퇴직을 맞이하지만, 보험설계사는 다르다. 이 일은 하고 싶을 때까지 할 수 있는 직업이며, 오래할수록 경험이 쌓이고 성과가 커지는 직업이다.

시간을 내가 조절한다 ─ 회사가 아니라 내가 주도권을 갖고, 일과 삶의 균형을 설계한다

보험설계는 활동 시간이 자유롭다는 인식이 있다. 한가하다는 뜻이 아니라, 시간을 어떻게 쓰느냐를 스스로 설계할 수 있다는 뜻이다.

이 직업의 좋은 점은 하루 종일 회사에 매달리지 않아도 된다는 것이다. 시간을 자유롭게 사용할 수 있으며 미리 일어날 일에 대해 예견할 수 있고 거기에 대처할 수 있다는 좋은 점이 있다. 중요한 업무부터 열심히 해서 빨리 마무리를 하고 개인적인 중요한 일을 할 수 있다는 점이 장점이다. 핵심은 시간을 회사가 통제하는 게 아니라 내가 통제한다는 점이다.

그런데 현재까지도 안 되고 있는 출근 문제다. 물론 출근은 당연히 해야 하는 일이다. 하지만 직장인처럼 똑같은 시간에 설계사 모두가 모여 통제를 하는 것은 좋은 모습이 아니라고 생각한다. 당신은 아침마다 출근하는 것 어떻게 생각하는가? 영업의 기본을 묻는 질문에 많은 설계사들이 "출근입니다." 라고 대답한다.

지금까지 해 왔던 관행이 정석이 되어 버린 경우이다. 자기 영업 활동에 맞춰서 하는 분들에겐 출근이 방해가 되는 시간이 될 수도 있다. 각자 다른 일정이 있고 각자 다른 방법으로 영업을 한다. 내 사업이다 보니 밤 늦게까지 일할 수 있으며, 낮에 못한 서류작업을 새벽까지 할 수도 있다. 그러면 그 다음날 조금 늦게 일정을 잡고 시작하면 된다.

출근은 필요하지만, 출근 자체가 목적이 되어서는 안 된다. 내 사업이라면, 내 리듬에 맞게 성과 중심의 시간 설계가 필요하다. 이제 한번쯤 출근에 대한 패러다임을 생각해 볼 때인 것 같다.

하지만 출근이 자유로운 직업이 되려면 전제조건이 있다. 바로 보험설계사가 '사업가 마인드'를 갖고 있어야 한다는 것이다. 사업가 마인드는 "회사가 정해 준 시간에 맞춰 움직이는 것"이 아니라, 내가 정한 목표와 성과에 책임지는 태도다. 이 마인드가 있어야 왜 움직이는지, 어떻게 시간을 쓰는지, 무엇을 우선해야 하는지가 명확해진다. 사업가 마인드 없이 누리는 자유는 방황과 불안으로 이어지지만, 사업가 마인드가 있는 자유는 성과로 이어진다. 결국 중요한 것은 회사가 정한 출근 시간이 아니라, 내가 설계한 움직임의 방향이다.

소득 상한이 없다 ─ 더 하면 더 번다

[이미지 12] 생명보험협회, 금융감독원 공시자료에 설계사 소득현황에 따르면 2024년 1분기 기준 평균 400만 원이었고 일부 회사의 평균 급여는 700만 원을 넘고, 상위 20%는 연봉 1억 원 이상을 받는다는 자료를 보았다.

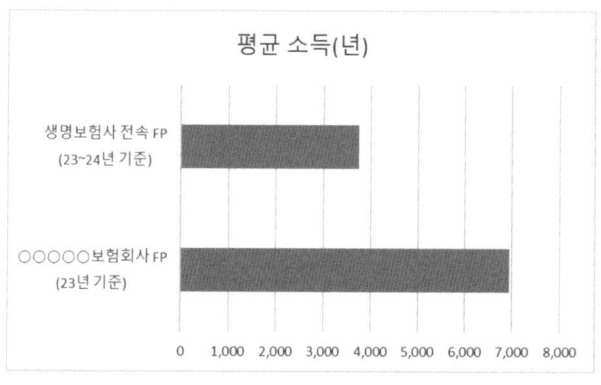

[이미지 12] 설계사 소득 현황

강의에서 나는 이렇게 제안하곤 한다.

"7, 8월, 무더워서 활동이 힘들죠? 그렇다면 6월에 미리 3개월치 성과를 내고, 7, 8월은 시원한 나라에서 두 달 살기를 해보는 겁니다. 선선한 9월에 돌아와 다시 일하고, 12월에 또 3개월치 성과를 쌓아 1~2월은 따뜻한 동남아에서 보내는 거죠."

많은 이들이 웃지만, 속으로는 이렇게 생각한다. 정말 그렇게 일할 수 있다면 얼마나 멋질까? 하지만 사업가 마인드라면 가능한 설계다.

나는 30년 동안 샐러리맨으로 살았다. 그래서인지 아직도 샐러리맨의 마인드가 깊이 새겨 있어 항상 한계를 먼저 생각한다. 전원주택을 지을 때도 그랬다. 소나무를 심고 싶었지만 가격이 부담스러워 작은 소나무 세 그루를 100만 원에 사서 심었다. 그런데 뒷집 주인은 달랐다. 그는 사업가였다. 소나무 한 그루에 무려 1,000만 원짜리를 심었다. 나는 놀라서 말했다.

"와, 돈을 정말 잘 버시나 봅니다." 그분의 대답은 내게 큰 울림을 주었다. "돈을 많이 버는 게 아닙니다. 이렇게 해야 더 열심히 하게 되고 그러다 보니 돈을 더 벌게 되더군요." 그 순간 깨달았다. 아, 이것이 사업가의 마인드구나. 현실에선 많은 설계사가 여전히 샐러리맨처럼 일한다.

사업가의 핵심은 "더 벌 수 있다"는 믿음이고,
샐러리맨의 마인드는 "더 쓰면 안 된다"는 한계다.

이 사고방식의 차이가 곧 성과의 한계를 만든다.

사업가의 1순위: 목표 설정

비전과 목표의 관계

• 비전이 나침반이라면 목표는 이정표다.

• 목표는 가야 할 방향에 구체적인 지도를 제공한다.

• 비전은 궁극적 꿈이고, 목표는 그 꿈을 이루기 위한 실천 단위다.

• 비전 없는 목표는 숫자 놀음, 목표 없는 비전은 공허한 꿈이다.

사업가로서 가장 먼저 해야 할 일은 목표 설정이다. 목표가 명확해야 행동도 명확해진다. 물론 그 앞에는 큰 비전이 있어야 한다. 비전이 없으면 목표도 흐릿해진다.

나는 프리랜서로 일하면서 가장 먼저 '연간 강의 시간'을 정한다. 작년에는 500시간을 목표로 잡았다. 그런데 조직의 인사나 정책 변경으로 정기 과목이 폐강되고, 시간이 줄었지만, 목표가 있었기에 방법을 찾기 시작했다. 안정된 강의에만 머물렀던 방식을 바꿔, 지역 현장 강의를 시작했고, 타 손보사 강의로도 채웠다. 연간 목표가 있으니 한 달 목표가 부족하면 다음 달 목표를 더하기 위한 방법을 찾으려 부단한 노력을 하는 모습을 발견한다. 연말에 계산해 보니 501시간이었다. 목표가 분명하면 방법은 반드시 따라온다는 사실을 다시 확인했다. 방법을 찾기보다 목표를 명확하게 하는 것이 중요하다. 그 목표가 현실적이고 궁극적이면 방법은 자연스럽게 따라올 것이다. 이번 달에 하고 싶은 것, 갖고 싶은 것, 사랑하는 사람에게 주고 싶은 것을 떠올려 보라. 그런 가슴 뛰는 목표가 있을 때 우리는 스스로 일을 찾아 하고, 실패해도 다시 일어설 힘이 생긴다.

마무리

좋아하는 마음만으로는 오래 버티기 어렵다. 잘해야 오래할 수 있고, 잘하면 더 좋아지게 된다. 우리는 샐러리맨이 아니라, 목표를 세우고 스스로 기회를 만드는 사업가다. 이 마인드가 자리 잡을 때, 이 일은 단순한 직업이 아니라 평생 직업이 된다.

☑ 연간 목표 세우기

- 올해 반드시 달성하고 싶은 영업 목표를 수치(건수·금액)로 정하기.
- 목표를 월별·주별 단위로 나누기.

☑ 월간 행동 점검

- 이번 달 목표 달성을 위해 필요한 행동 3가지를 정해 매일 체크(✓, ✗)하기.
- 하루가 끝날 때 "오늘은 오너처럼 행동했는가, 직장인처럼 흘려보냈는가?" 스스로 물어보기.

☑ 시간 설계하기

- '내 사업'이라는 마음으로 하루와 주간에 해야 할 일 1가지씩 정하기.

나의 행동 한 가지

나에게 묻기

질문 1

만약 사막에서 길을 잃었다면, 제일 먼저 무엇을 하겠는가?

질문 2

어제 하루 동안 내가 반복해서 한 영업 행동은 몇 가지였는가?

질문 3

내가 생각하는 나만의 영업 기초체력 3가지는 무엇인가?

질문 4

그 기초체력을 꾸준히 유지하기 위한 나만의 방법은 무엇인가?

걷기 전에 뛰지 마라

사막에서 길을 잃었을 때 제일 중요한 것은 현재 위치다

사막 한가운데서 길을 잃었다면, 이때 사람들이 하는 행동은 무엇일까? 대부분의 사람들은 본능적으로 무작정 달린다. 하지만 방향을 모르고 달리면 아무리 빨리 달려도 목적지에 도달하기란 어려운 일이다. 그래서 사막에서 길을 잃었을 때 가장 중요한 것은 '지금 내가 어디 있는지' 아는 것이다. 현재 위치를 모르면 방향을 설정할 수 없기 때문이다. 결국 숨이 차오르고 결국 주저앉게 된다 영업도 마찬가지다. 방향 없이 뛰면 똑같이 소진된다.

등산도 마찬가지다. 등산로 갈림길에 있는 안내판에 만약에 현재 위치가 없다면 그 안내판은 무용지물이다. 현재 위치를 알아야 방향을 정하고, 그 방향으로 어떻게 갈 것인지 방법을 정할 수 있다. 그래서 먼 길을 여행 가거나 모르는 곳을 갈 때 가장 필요한 것이 내비게이션이다. 현재 위치에서 목적지를 입력하고 방법을 선택하면 편안하게 목적지까지 안내를 해 준다.

먼 길을 가려면 기름부터 채워라

자동차로 먼 길을 갈 때 내비게이션보다 더 중요한 것은 기름이다. 기름이 없다면 차는 달릴 수 없으며 내비게이션은 무용지물이다. 내가 가고자 하는 목적지까지 갈 수 있을 만큼 기름이 있는지 확인하는 것이 중요하다. 만약에 기름을 확인하지 않고 달리다가 기름이 떨어지면 목적지까지 갈 수 없다. 물론 등산도 마찬가지다. 산에 오르려면 내 체력에 맞는 산을 선택해야 하며, 더 높은 산을 가고자 한다면 충분한 체력을 먼저 기르는 것이 우선이다. 무턱대고 내 체력도 점검하지 않고 산을 오르면 중도에 포기하거나 사고로 이어질 수도 있다.

영업도 마찬가지다.

"나는 지금 끝까지 달릴 수 있는 기름은 가지고 있는가?"

여기에 대한 답을 내리고 출발을 해야 할 것이다.

영업의 방향이 정해졌다면 걷기부터 시작하라

영업인은 성과에 조급해 무작정 뛰는 경우가 많다. 무작정 뛰다 보면 방향을 잃고, 체력은 소진되어 결국 포기하게 된다.

먼저 방향을 설정하는 것이 무엇보다 중요하다. 하지만 전제조건이 필요하다. 방향과 방법이 아무리 명확해도 기초체력이 없다면 실행은 불가능하다. 스포츠에서도 아무리 이루고자 하는 목표와 기술이 뛰어나도 체력이 부족하면 경기에서 버틸 수 없다.

영업의 방향이 정해졌다면 걷기부터 시작하라. 다리 근력을 기른 다음 뛰어라.

영업의 기초체력은 매일 반복하는 기본 행동에서 나온다.

기초체력은 기술보다 먼저다. 하루 한두 가지라도 기본기를 꾸준히 반복하는 습관이 결국 기술을 빛나게 한다.

결국 영업은 속도의 문제가 아니라 버틸 수 있는 체력을 만드는 과정이다.

왜 기초체력은 매일 해야 하는가?

기초체력을 매일 훈련해야 하는 이유는 세 가지다.

1. 심리적 안정 — 반복되는 일은 마음을 차분하게 하고 성취감을 준다.
2. 자동화된 습관 — 어려운 과제가 닥쳐도 슬기롭게 헤쳐 나갈 수 있는 능력.
3. 질적 변화 — 양이 쌓이면 질이 변하고, 성과가 가속화된다.

2002년 월드컵 4강 신화를 만든 히딩크 감독도 기술보다 체력을 먼저 길렀다. 체력이 뒷받침되니 자신감이 생기고, 기술이 빛을 발한 것이다.

영업 기본 체력 체크리스트 10

프로와 아마추어의 차이에 대해 많은 정의를 내렸지만 내가 가장 마음에 드는 프로와 아마추어의 정의는 "지루함을 견디는 자 프로, 지루함을 못 견디는 자 아마추어"라는 것이다. 작고 지루한 행동을 꾸준히 이어갈 수 있는 사람이야 말로 진짜 프로다.

[이미지 13] 기초체력 체크리스트에 제시된 10개는 매우 작은 행동이며, 누구나 할 수 있는 행동이다. 하지만 이 작은 행동이 어려운 것은 매일 해야 한다는 것이다. 지루한 행동을 계속한다는 것은 힘든 일이다.

이 표는 보험설계사로서 매일 반복해야 하는 10가지 기본 행동을 스스로 점검하기 위한 도구이다. YES/NO 체크 기준은 단순하다:

- YES: 생각하지 않아도 습관처럼 자동으로 하는 행동
- NO: 매번 의식해야 겨우 하는 행동 또는 하지 않은 행동

	Yes	No
나는 매일 고객 명단을 보며 하루를 시작한다		
나는 매일 고객에게 TA하는 것이 자연스럽고 일일 목표가 있다		
나는 매일 고객의 정보수집에 관심이 많으며 결과를 상세하게 기록한다		
나는 고객과 만남 후 반드시 다음 약속을 정하고 마무리한다		
나는 고객과 상담 시 고객의 고민을 먼저 이야기 한다		
나는 고객과 상담 시 고객보다 말을 적게 한다		
나는 매일 해야 할 일이 있고 그 목표 달성 여부를 체크한다		
나는 고객에게 상품설명 후 자신 있게 청약을 권유한다		
나는 매주 금요일 오후까지 다음주 주간 계획을 마무리한다		
나는 스스로 매월 나의 목표를 구체적으로 세운다		

[이미지 13] 기초체력 체크리스트

☐ 나는 매일 고객 명단을 보며 하루를 시작한다

→ 고객 명단은 영업의 자산이다. 매일 고객의 이름을 보면 할 일이 많아지는 것을 느낄 수 있을 것이다.

☐ 나는 매일 고객에게 TA(전화 접근)를 자연스럽게 하고 일일 목표가 있다

→ TA는 영업의 문을 여는 첫 단계이다. 매일 커피를 마시듯 자연스럽게 TA가 이루어져야 한다. 매일 TA 목표가 있어야 꾸준함이 유지된다.

☐ 나는 매일 고객의 정보수집에 관심이 많으며 결과를 상세하게 기록한다

→ 고객의 작은 정보도 신뢰로 이어진다. 매일 고객 정보를 기록하는 습관은 성공적인 상담을 보장한다.

☐ 나는 고객과 만남 후 반드시 다음 약속을 정하고 마무리한다

→ 영업은 연결이다. 다음 약속을 구체적으로 잡아야 지속 가능한 영업을 할 수 있다.

☐ 나는 고객과 상담 시 고객의 고민을 먼저 이야기한다

→ 내 고민이 아니라 고객의 고민으로 상담을 시작해야 신뢰가 생기고 열린 마음으로 대화를 이끌어 갈 수 있다.

☐ 나는 고객과 상담 시 고객보다 말을 적게 한다

→ 고객은 자기 이야기를 들어주는 사람을 제일 좋아한다. 그래야 고객에게 신뢰를 줄 수 있다. 그리고 나는 도와주는 사람이기 때문이다.

☐ 나는 매일 해야 할 일이 있고 그 목표 달성 여부를 체크한다

→ 계획 없는 하루는 우연에 맡기는 것이다. 매일 할 일을 적고 달성 여부를 점검하는 것은 성장의 원동력이다.

☐ 나는 고객에게 상품설명 후 자신 있게 청약을 권유한다

→ 자신감 있는 권유는 자연스러운 행위이며, 고객은 권유하지 않으면 절대 결정하지 않는다.

☐ 나는 매주 금요일 오후까지 다음 주 주간 계획을 마무리한다

→ 주간 계획이 있어야 다음 주가 안정되고, 희망찬 월요일을 맞이할 수 있다.

☐ 나는 스스로 매월 나의 목표를 구체적으로 세운다

→ 회사 목표가 아닌 나의 목표가 있어야 구체적인 행동으로 표출될

수 있다.

활용법

1. 나의 현재 상태를 냉정하게 인지하는 것이 중요하다.
2. 하나씩 체크하면서 NO에 해당하는 내용이 무엇인지 정확하게 이해한다.
3. NO에 해당하는 항목 중 하나만 골라 집중 개선하는 방식으로 사용한다.
4. 하나가 개선이 되면 또 하나를 골라 집중 개선하면서 늘려간다.

평가 기준

- 5개 이상 YES → 기초체력은 어느 정도 확보됨
- 7개 이상 YES → 안정적 영업 습관 보유
- 10개 YES → 상위 5% 성과자들의 수준

실제로 현장에서 이 체크리스트를 적용해 보면, 평균적으로 5개 이상은 넘기기 어렵다. 사실 5개가 넘는다면 기본 체력은 된다고 본다. 그런데 10개가 YES인 경우는 약 5% 정도다. 그 분들의 성과를 물어보면 역시나 매우 우수한 성과를 내고 있는 분들이다. 더 중요한 것은 이 기초체력이 있다는 것은 흔들림 없는 지속 가능한 영업을 할 수 있다는 것이 중요하다.

어느 날 한 설계사가 쉬는 시간에 다가와 말했다. "오늘 자신감을 많이 가지게 되었습니다. 지금까지 영업하면서 내가 제대로 가고 있는 건지, 아니면 길을 헤매고 있는 건지 잘 몰랐는데, 이 기초체력 체크리스트를 보고 '아, 잘 가고 있구나'라는 생각에 안심이 되었고, 자신감을 얻게 되었습니다. 감사합니다." 주변에 조심스럽게 그의 성과를 물어보니, 역시나 우수한 실적을 올리고 있는 분이었다.

처음부터 10가지를 모두 하겠다고 다짐하는 것은 하나도 안 하겠다는 것과 같다. 하나씩 내가 할 수 있는 쉬운 것부터 해 보고, 하나가 익숙해지면 다음 행동으로 늘려가는 것이 중요하다. 하루가 활기를 띠고, 작은 성과가 쌓이며, 실수는 줄고 자신감은 커진다.

마무리

영업 성과는 기술보다 기초체력에서 나온다. 기초체력이 단단해야 어떤 상황에서도 무너지지 않는 영업인이 된다. 매일 반복하는 작은 행동이 결국 큰 성과를 만든다.

☑ 기초체력 3가지 선정

• 매일 반드시 반복할 작은 행동 3가지를 정하기.
  예) 하루 3통 전화, 하루 1명 고객 미팅, 하루 마무리 기록하기

☑ 구체적 훈련 방법 기록

• 각 행동을 언제, 어떻게 실천할지 방법을 적기.
  예) 전화는 오전 10시 이전에, 기록은 오후 사무실 퇴근 전 등

☑ 체크리스트 점검

• 하루가 끝나면 체크리스트로 실행 여부를 확인하기.
• 처음에는 YES 1개 늘리기를 목표로 하고, 익숙해지면 점차 늘려 가기.

나의 행동 한 가지

나에게 묻기

질문 1

내가 생각하는 영업의 가장 큰 어려움 세 가지는 무엇인가?

질문 2

그 어려움을 극복하기 위해 지금 당장 내가 할 수 있는 작은 행동은 무엇인가?

질문 3

내가 고객에게 가장 많이 들은 거절의 말은 무엇이며, 나는 그것을 어떻게 받아들였는가?

질문 4

만약 다음 주 일정이 완벽하게 계획되어 있는 월요일이라면 출근하는 마음은 과연 어떨까?

보험 영업이 어려운 이유와 극복 방법

영업은 정말 어려운가?

영업의 난이도는 생각보다 높다. 현장에서 "영업은 어렵습니까?"라고 물으면 대부분은 "어렵다"고 답한다.

[이미지 14] 스트레스 지수 진단

[이미지 14] 해골·달·연인이 합쳐진 그림을 보면, 보는 사람의 현재의 상태에 따라 먼저 보이는 그림이 다르게 보인다. 이것이 스트레스

지수를 알아보는 그림이다.

- 해골 → 극심한 스트레스 상태
- 달 → 스트레스는 있지만 경미한 상태
- 연인 → 마음이 평온한 상태

실제로 현장에서 이 그림을 보여 주면 1/3, 많게는 1/2의 보험설계사 분들이 해골이 보인다고 한다. 이는 이미 스트레스 속에서 영업을 하고 있다는 의미다.

[이미지 15] 영업의 어려운 정도

그리고 [이미지 15] 영업의 어려운 정도를 10으로 한다면 어느 정도 어려운지를 체크하라고 하면 정확하게 통계를 내지 않았지만 평균 5이상은 되는 것 같다. 장소에 따라 다르기는 하지만 현장인 지역단에 가서 강의할 때 물어보면 한 7~8정도 되는 것 같고, 연수원에서 하면 6정도로 현장 보다 조금은 낮게 나타난다.

보험 영업은 특히 어렵다. 눈에 보이는 물건이 아니라, 보이지 않는 신뢰와 미래를 파는 일이기 때문이다. 더구나 '현재'가 아니라 '미래'를 설득해야 한다. 아직 오지 않은 위험에 대비하기 위해 돈을 쓰게 하는 일은 고객에게 쉽지 않은 결정이다. 그래서 다른 영업보다 거절 가능성이 높고, 장기적인 관계가 필수다. 어느 책에서 본 "영업은 거친 바다를 건너는 기나긴 여정과도 같다."라는 글을 보고 많이 공감을 했던 기억이 있다. 사실 현장에서 많이 느끼는 부분이다. 특히 신인 설계사는 수영을 배우기도 전에 깊은 바다에 던져진다. 신인에게 기술만 가르친다고 수영을 할 수 있는 것은 아니다. 중요한 것은 기술만이 아니라 버틸 수 있는 체력이 필요하다.

체력을 키울 수 있는 시간을 주어야 한다. 즉 기본기를 다질 수 있는 시간이 필요하다는 것이다. 기본기 없이 결과에만 매달리면 결국 이 기나긴 여정을 끝까지 갈 수 없다. 그리고 기나긴 여정을 가려면 중간에 '부표에 깃발'을 세워줘야 한다. 깃발은 목표이자 꿈, 비전이다. 방향을 잃었을 때 깃발을 바라보면 다시 팔을 젓고 나아갈 힘이 생긴다.

"보험설계사는 누구나 도전할 수 있지만, 아무나 해낼 수 있는 직업은 아니다." 많은 사람들이 보험설계사에 쉽게 도전하지만 끝까지 가는 사람은 많지 않다. 이 일은 지식, 경험, 대인관계, 상담 능력, 문제 해결 능력 등 전문가를 요구한다. 그리고 더욱더 중요한 것은 강한 정신력을 요구한다. 그래서 보험설계사는 누구나 도전할 수 있지만 아무나 할 수 있는 일이 아닌 것이다. 어려운 일인 만큼 영업은 그만큼 보상과 성취도 크다. 영업이 왜 어려운지를 알면 그 어려움을 풀어 낼 방법을 찾을 수 있다. 중요한 것은 "영업은 어렵지만 도전할 가치가 있는 일"로 바꾸는 것이다.

거절을 인정하지 마라

영업이 어려운 이유 첫 번째는 거절이다. 인간이 가장 받고 싶은 것은 칭찬이고, 가장 받고 싶지 않은 것은 거절이다. 칭찬은 인정받고 싶은 본능을 채워 주지만, 거절은 "당신은 필요 없다"는 메시지처럼 다가와 자존심을 건드린다. 그러한 인간의 본능인 거절을 우리는 매일 맞서야 한다는 점이다.

보험설계사처럼 하루에도 수차례 거절을 겪는 직업은 이 두려움이 더 크게 다가온다. 아침에 의욕적으로 다짐을 하지만 '혹시 거절당하면 어쩌나'라는 생각이 자꾸 어깨를 누르고 발걸음을 무겁게 만든다. 그러나 거절은 재해석이 필요하다. "내가 인정하면 거절이고, 내가 인정하지 않으면 거절이 아니다."

나 역시 지점장 후보자 시절에 거절을 크게 배운 경험이 있다. 당시 교육 과정은 구역을 정해 매일 한 달 동안 직접 방문하는 훈련이었다. 초반에는 초인종을 누르는 것조차 두려웠다. 혹시나 문이 열리지 않으면 '나를 거절하는 것' 같아 마음이 무거웠다. 그런데 시간이 지나면서 이상하게도, 거절이 반복되자 오히려 오기가 생겼다.

한 번은 마당에서 빨래를 하고 있는 고객이 보였는데, 초인종을 눌러도 문을 열어 주지 않았다. 순간 '이대로 물러서면 안 된다'는 마음이 들어 담 위로 점프를 하며 "문 좀 열어 주세요!"라고 소리쳤다. 그러자 그

분이 웃으면서 문을 열어 주었고, 뜻밖에도 요쿠르트를 내어 주시며 이야기를 들어주었다. 10여일 동안 하루도 거르지 않고 방문하는 것을 지켜보았고, 문을 열면 마음이 약해질까 봐서 열어 주지 않으려 했다고 한다. 결국 계약이 성사되었고, 소개까지 이어졌다.

이 경험을 통해 나는 깨달았다. 내가 마음이 약할수록 거절이 더 크게 느껴진다는 사실을. 문을 열어 주지 않는 것은 나를 거부하는 것이 아니라, 단순히 마음의 문이 닫혀 있는 상태였을 뿐이다. 내가 조금 더 용기를 내고 진심을 보여 주면 언젠가 고객의 마음의 문은 열린다는 것을 알았다.

[이미지 16] 거절을 극복하는 방법

보험 영업에서 거절이라고 생각하는 대표적인 3가지 유형은 다음과 같다.

1. "생각해 보겠습니다."

2. "다음에 하겠습니다."

3. "돈이 없습니다."

많은 설계사들은 이를 단호한 'NO'로 받아들이지만, 사실은 조건부 보류다.

- "생각해 보겠습니다."는 검토 의향
- "다음에 하겠습니다."는 시기 미정의 보류
- "돈이 없습니다."는 여건이 되면 가능성 있다는 의미

오늘 처음 만난 고객이 장기 계약을 즉시 결정하는 경우는 거의 없다. 거절은 멈춤이 아니라, 다음 단계로 가기 위한 과정일 뿐이다.

'생각해 보겠다'는 고객의 반응은 당연한 과정이다. 1년 계약도 아닌 장기 계약을 하는데, 고민 없이 바로 결정하는 사람이 어디 있겠는가? 냉장고 하나를 사더라도 여러 매장을 돌아보고 검색하며 비교한다. 하물며 보험은 더 깊이 생각할 수밖에 없다. 심지어 설계사인 나조차 다른 설계사에게 권유를 받는다면, 당장 결정하기 어려울 것이다.

'다음에 하겠다'는 말은 어떻게 들리는가? 사실은 무척 반가운 대답이다. '다음에'보다 '하겠다'라는 단어에 집중하라. 고객이 이미 긍정적인 의사를 드러낸 것이기 때문이다.

'돈이 없다'는 말 역시 부정으로만 받아들일 필요가 없다. 사실상 "있으면 하겠다"는 의미다. 그렇게 받아들이면 내 마음도 편해지고, 고객을 대하는 태도도 달라진다.

그럼 왜 이것을 거절로 인정하는 것일까? 한 달 영업을 시작할 때, 설계사들은 가망고객을 몇 명쯤 확보하고 있을까? 내 경험으로는 평균 세 명, 많아야 네 명 정도였다. 그러다 보니 한 명씩 계약이 좌절될 때마다 불안감이 커질 수밖에 없다. 그 이유는 두 가지다.

첫째, 지금 당장 실적을 채워야 한다는 압박 때문이다. 고객이 "생각해 보겠다"거나 "다음에 하겠다"라고 말하면 곧바로 거절로 들리는 것은 내가 급하기 때문이다.

둘째, 고객 풀이 너무 좁기 때문이다. 이 고객이 아니면 다른 선택지가 없다는 절박함이 거절을 더욱 크게 느끼게 한다. 만약 다른 고객이 충분히 확보되어 있다면, 같은 말도 거절로 받아들이지 않았을 것이다.

결국 문제의 원인은 고객에게 있는 것이 아니다. 내가 준비되지 않았기 때문에, 고객의 말을 거절로만 해석하는 것이다. 내가 더 많은 가망고객을 확보하고, 내 마음의 여유를 키우면 똑같은 말도 전혀 다르게 들린다. "생각해 보겠다"는 말이 거절이 아니라, 아직 시간을 필요로 한다는 신호로 들린다. "다음에 하겠다"는 말도 언젠가는 하겠다는 가능성으로 들린다. "돈이 없다"는 말조차 조건만 맞으면 계약할 수 있다는 의미가 된다. 즉, 문제를 고객에게 돌리면 답이 막히지만, 나에게서 찾으면 길이 열린다.

고객의 거절에서 영업은 시작된다

내가 강의 중에 계약을 잘하는 방법을 알려 주겠다고 하면 많은 사람들이 눈과 귀가 나를 집중해서 바라본다. 그때 나는 이렇게 말한다.

"사인하세요!"

계약을 잘하는 방법은 청약 권유를 구체적으로 이야기하는 것이다. 고객은 절대 스스로 결정하지 않는다. 그래서 판매프로세스에 PT후 C단계인 체결단계에 반드시 구체적인 청약을 권유하는 행동이 포함되어야 한다. 많은 보험설계사들이 제안서 까지는 잘 이루어지는데 체결단계에서 주저하는 경우가 많다. 왜냐하면 거절 때문이다. 그래서 상품 설명이 끝나면 자연스럽게 청약을 권유하는 단계로 이어질 수 있는 새로운 판매 프로세스 필요하다고 본다.

영업에서 가장 중요한 단계는 상품 설명 후 반드시 결정을 제안하는 것이다. 고객은 스스로 결정을 잘 내리지 않기 때문이다. 그래서 다음과 같은 한마디가 반드시 필요하다.

"마음에 드셨다면, 여기에 서명해 주세요." "괜찮으시다면 오늘 바로 가입 절차를 진행하겠습니다."라고 말하지 않으면 고객은 스스로 결정을 잘 내리지 않는다. 이 한마디가 있느냐 없느냐가 계약 성사율을 결정한다. 판매 프로세스에 대한 자세한 설명은 뒤의 판매 프로세스 2.0 챕터에서 다루겠다.

현장의 사례 — 한마디가 계약을 바꾼다

고능률 설계사를 대상으로 한 교육과정에서 각자의 영업 고민을 나누던 중, 한 설계사가 이런 질문을 던졌다. "제가 봉사활동을 같이하는 사장님께 월 보험료 200만 원짜리 제안서를 드렸는데, 한 달이 다 되도록 아무 연락이 없습니다. 어떻게 해야 할까요?"

여러 의견이 나왔지만, 한 설계사가 이렇게 조언했다. "일단 직접 찾아가서 이렇게 말해 보세요. '사장님, 지난번에 드린 보험이 마음에 드셨다면 오늘 서명해 주실 수 있나요?'"

사실 그는 제안서만 건네고, 정작 결정의 순간을 제안하지 않았던 것이다. 그러니 사장님은 바쁜 일상 속에서 까맣게 잊어버렸고, 설계사만 혼자 속을 끓이며 한 달 동안 아무 일도 손에 잡히지 않았던 것이다. 조언대로 용기를 내어 찾아가서 말했다. "지난번에 드린 제안서가 마음에 드셨다면 오늘 결정해 주실 수 있나요?" 사장님은 놀란 듯 이렇게 답했다. "아, 맞다! 그때 제안서 주고 가셨죠? 바빠서 깜빡했습니다. 죄송합니다." 그러면서 200만 원이 아니라 300만 원 계약을 즉석에서 체결했다.

그 설계사는 이렇게 소감을 밝혔다. "한마디 말을 못 해서 한 달 동안 괴로운 나날을 보냈습니다. 앞으로는 제안서를 드렸다면 반드시 청약을 자신 있게 권유하겠습니다." 그렇다고 실제적인 제안을 한다고 모든 고객은 승낙하지 않는다. 기대하지 마라. 중요한 것은 이런 제안을 받으면 고객은 앞서 언급한 세 가지 반응 중 하나를 보이게 된다. 이때부터 진짜 영업이 시작된다.

예를 들어,
- "생각해 보겠다." 고객 20명
- "다음에 하겠다." 고객 20명
- "돈이 없다." 고객 20명

[이미지 17] 고객을 시각화하라

이렇게 총 60명의 고객을 만들고 시각화 하라. 그리고 60명을 내 눈앞에 펼쳐 놓고 1인당 10회 접촉 계획을 세운다. 예를 들어 방문 5회, 전화나 메시지 3회, 택배 2회 같은 식이다. 신뢰가 쌓이면 보류는 계약으로 이어진다.

중요한 것은 이 3가지 말을 고객이 하게 하는 것이다. 생각해 보겠다고 본인이 말했기 때문에 항상 그 말이 걸릴 것이다. 다음에 하겠다고 하면 내가 갈 때마다 언제 해야 하나를 고민하게 될 것이다. 60명의 고객과 10번씩 만남을 계획하면, 일정은 바빠지고 경험은 쌓이며, 결국 자신감도 매우 높아질 것이다.

신입 설계사는 경험이 많지 않기 때문에 주의해야 할 고객이 있다. 그것은 곧 계약할 것 같은 고객, 나에게 호의적인 고객이다. 그런 고객을 만나면 제안서까지 주고 거절이 두려워 하염없이 고객의 선택만 바라보다 보면 활동이 멈추고, 결국 성과도 떨어진다. 이런 고객은 거절이 자신이 있는 사람이다. 그래서 더욱더 프로세스에 청약단계가 되면 자연스럽게 청약을 구체적으로 권유해야 한다. 빨리 결정을 내려라. "마음에 드셨다면, 여기에 서명해 주세요."

예측 불가능을 예측 가능으로 만들어라

영업이 어려운 두 번째 이유는 예측이 불가능하다는 점이다. 내일, 다음 주, 다음 달이 어떻게 될지 모르니 불안과 스트레스가 커진다. 한 달 마감을 간신히 넘겨도 다음 달은 또다시 '제로'에서 시작한다. 이 끝없는 외줄타기가 영업인을 지치게 만든다.

현장에서 영업의 로망을 물어보면 "매주 계약이 있었으면 좋겠다." "고액 건을 하고 싶다." "소개가 끊이지 않았으면 좋겠다."는 대답이 많다.

[이미지 18] 예측 불가능

"제가 보험설계사라면 이런 로망이 있습니다. 지점 옆에 내 사무실이 있고 거기에는 비서 3명이 있습니다. 한 명은 고객 줄 세우는 분, 한명은 질병담당, 한 명은 종신 담당입니다. 저는 지점에서 아침 미팅이 끝나면 옆 내 사무실로 갑니다. 그러면 사무실 앞에 고객이 상담 받으러 길게 줄을 서고 있습니다. 그러면 비서가 순번대로 사무실로 입장을 시키고 저는 상담만 합니다. 상담은 가볍게 얼굴만 보고 상품을 선정해 줍니다. '질병입니다, 종신입니다' 그러면 두 명의 비서가 구체적인 상담을 진행합니다. 몸이 힘들거나 바쁜 일이 있으면 하루를 그냥 마감합니다. 이런 영업에 대한 로망이 있습니다. 내가 개인 사무실, 예약 담당 비서, 전문 상담 담당자들, 그리고 매일 대기하는 고객들이 있다면 얼마나 좋을까요?"

물론 이는 현실에서 불가능한 즐거운 상상이다. 현장에서 갈 곳을 찾지 못해 헤매는 날이 더 많고, 고객이 저절로 찾아와 줄을 서는 일은 없다. 그렇기에 이 이야기는 늘 웃음을 자아낸다. 그러나 만약 이런 로망이 실제로 가능하다면 영업은 결코 어렵지 않을 것이다. 결국

보험설계사들의 진짜 바람은
"예측 가능한 영업 시스템"을 갖추는 데 있다.

그래서 영업에도 날씨 예보가 필요하다. 비가 올 거라 알면 우산을 준비하고, 한파가 오면 따뜻한 옷을 준비하듯, 영업도 마찬가지다. 내일을 예측할 수 있다는 것은 매우 중요하다. 내일을 예측할 수 없다면 매일이 불안의 연속이 된다. 예측 가능성이 주는 안정감은 크다. 예를 들어,

- A 설계사: 지난달 계약 '0건', 이번 달도 실적 없음 → 불안, 멘탈 흔들림, 출근 두려움
- B 설계사: 지난달 계약 '0건', 이번 달도 없음 → 그러나 다음 달 1일 확정 고액 계약 2건 예정 → 여유, 멘탈 유지, 출근 부담 적음

같은 '실적 없음'이라도 예정이 있느냐 없느냐에 따라 마음가짐이 달라진다. 그래서 최소한 '다음 주'는 예측할 수 있어야 한다. 단순히 계획을 세우는 수준이 아니라, 실제로 실행 가능한 약속, 확정된 미팅, 진행 중인 고객 리스트를 확보하는 것이다. 이 구조가 마련되면 매달 제로에서 시작하는 압박을 줄이고, 영업인의 멘탈은 한층 안정된다.

마무리

영업은 분명 쉽지 않다. 그러나 그 어려움은 곧 가치이고, 그 가치는 곧 보람으로 이어진다. 거친 바다를 건너는 여정에서 방향을 잃지 않으려면 깃발을 세우고, 체력을 키우며, 꾸준히 팔을 저어야 한다. 거절은 과정일 뿐이며, 예측 가능한 구조를 갖추면 불안은 줄고 자신감은 커진다. 영업의 어려움을 인정하되, 그것을 극복할 방법을 구조적으로 갖춘다면 이 길은 분명 도전할 가치가 있는 길이다.

---- 실천 가이드 ----

☑ 기초체력 습관

• 10가지 중 매일 반복할 영업 기본 행동 1가지를 정해 시작하기.

☑ 고객 60명 관리

• 가망고객 60명을 시각화하고, 각 고객별 10회 접촉 계획 세우기.

☑ 결정을 권유하는 습관

• 상품 설명 후 반드시 "결정"을 제안하는 말을 실천하기.

나의 행동 한 가지

영업이 힘든 이유는 결과가 늘 예측 불가능하기 때문이다. 하지만 방법은 있다. 일정과 고객, 습관을 구조화하는 것이다. 고객 만남의 약속을 체계적으로 관리하고, 가망고객을 꾸준히 확보하며, 끊임없이 정보를 수집하고, 매일 TA로 고객에게 다가간다면 영업은 더 이상 '운'이 아니다. 예측 가능한 '구조'가 된다.

쓸만한 JOB소리 3

HOW?

예측 가능한 영업의 기술

나에게 묻기

질문 1

만약 내가 이 일을 하는 동안 억대연봉을 꾸준히 이어 갈 수 있다면, 나의
삶은 어떻게 달라질까?

질문 2

나는 지금 매달 50% 이상 저축을 꾸준히 하고 있는가? 그렇지 않다면 그
이유는 무엇인가?

예측 가능한 영업의 힘

억대 연봉의 힘

억대 연봉! 즉 매주 두 건, 또는 세 건의 계약은 결코 쉽지 않다. 그러나 개인별로 필요한 활동량은 다르다. 어떤 사람은 PT 약속 10명이 있어야 가능하고, 어떤 사람은 5명으로도 충분하다. 중요한 것은 남의 기준이 아니라 나만의 기준을 아는 것이다. 그래서 억대 연봉은 많은 보험설계사들이 꿈꾸는 목표이며, 그 가능성을 떠올리는 것만으로도 마음이 설렌다. 그런데 만약 내가 회사에 다니는 동안 이 어려운 억대 연봉을 꾸준히 달성할 수 있다면, 내 삶은 어떻게 달라질까?

나는 입사 14개월이 된 보험설계사들을 위한 '정착 축하 과정'을 운영한 적이 있다. 이 과정에서 동료들끼리 토론할 수 있는 주제로 늘 던지는 질문이 있다. "만약 매달 1,000만 원의 급여를 받는다면 당신은 무엇을 하고 싶습니까?" 팀별 토론이 끝난 내용을 발표를 통해 공유하는 시간을 갖는데 참여자들은 다양한 답을 들을 수 있다.

"건물주가 되고 싶다." "매년 세계여행을 가겠다." "전원주택을 짓겠다." "연금을 준비하겠다." "요양원을 설립하겠다." "기부를 하겠다." "매월 500만 원짜리 종신보험을 들겠다." 등등. 심지어 "남편을 바꾸겠다."라는 농담까지 나온다. 이 순간만큼은 누구나 얼굴에 행복한 표정을 짓는다. 소득의 안정성이 삶에 어떤 상상력을 불러오는지를 보여주는 장면이다.

[이미지 19] 매월 1,000만 원 급여를 받으면

예측 가능한 영업이 만드는 삶의 변화

다음 날에는 '스캐폴딩(Scaffolding)' 교수법을 활용해, 전날 발표에서 나온 내용을 바탕으로 교수자의 생각을 이야기한다. 매주 2건의 계약을 한다면 여러분 삶에 어떤 변화가 생길까요? 이런 질문을 먼저 던지고 시작한다.

"일이 바빠져요." "급여가 올라요." "행복해요." "회사 다닐 맛 나요."
등등 희망의 이야기를 많이 한다. 물론 다 맞는 이야기지만 내가 하고
싶은 이야기는 '계획'을 세울 수 있다는 것이다.

매월 1,000만 원 급여를 받을 수 있다면, 즉 예측이 가능하다면 계획
을 세울 수 있다는 것이 가장 큰 변화일 것이다. 보험설계사들이 저축
을 잘 하지 못한다. 이유는 간단하다. 다음 달 소득을 예측할 수 없기
때문이다.

- 많이 벌면 많이 쓰고,
- 적게 벌면 카드를 쓰며,
- 결국 나쁜 소비 습관만 커져 가고 잔고는 남지 않는다.

나는 보험설계사들에게 이렇게 묻는다. "여러분은 지난 14개월 동안
평균 1억 원을 벌었습니다. 그러면 반절만 저축하면 5천만 원은 통장에
있어야 하는데 얼마나 있습니까?" 그러면 대부분은 이렇게 대답한다.

"없어요."
"왜 없습니까?"라고 물으면
"썼어요."
"어디에 썼습니까?"라고 물으면
"모르겠어요."

대답을 하면서도 허탈한 표정, 생각을 안 해 봤는데 너무나 당연한 이야기, 왜 없지? 아마 많은 생각을 하며 스스로 자신을 돌아보는 성찰의 시간이 될 것이다. 수고한 만큼의 성취감이나 잔고가 남지 않는다는 사실은 많은 이들에게 허탈감을 안겨준다. 결국 돈이 남아 있지 않는 이유는 다음 달의 성과를 예측할 수 없기 때문에 저축을 못하는 것이다.

내가 이런 계산을 보여 주면 모두 표정이 달라진다.

"매달 1,000만 원 벌어 500만 원씩 저축하면, 1년이면 6천만 원, 10년이면 6억, 20년이면 12억입니다. 그래서 20년 후 은퇴할 때 10억 이상의 퇴직금은 스스로 만들 수 있어야 하지 않을까요?"

여기서 '눈빛이 바뀌는 이유'는 단순하다. 막연한 꿈이 계산되는 현실로 바뀌기 때문이다. 예측 가능한 영업은 노후, 안정, 퇴직 자산, 그리고 미래의 꿈까지 모두 계획 가능한 영역으로 끌어오기 때문이다.

주간계획이 만든 큰 변화

나는 한 설계사의 사례를 절대 잊지 못한다. 그의 하루 기준은 아주 단순했다.

"매일 AP 약속 2명 약속"

어떤 상황에서도 이 기준을 지켰다. 자연스럽게 금요일이 되면 다음 주 주간 계획표가 완성이 되었다. 이 작은 기준 하나가 다음 주를 예측 가능하게 만들고 매일 매일을 안정시키고 한 달 업적을 예상할 수 있었다.

그래서 그 안정된 소득은 그의 자녀가 꿈을 포기하지 않고 도전할 수 있는 기반이 되었다. 그의 아들은 결국 유명한 프로야구 선수가 되었다. 그는 내게 이렇게 말했다.

"계획된 활동이 결국 우리 가족의 미래를 만들었습니다."

작은 기준 하나가 삶 전체를 바꾼 것이다.

마무리

영업은 불확실성 때문에 어렵다. 그러나 불확실성을 줄이고 예측 가능한 시스템을 만들면 이야기는 달라진다. 매주 예측된 성과를 꾸준히 창출할 수 있는 구조를 만든다면, 영업은 불안한 직업이 아니라 미래를 설계할 수 있는 든든한 직업이 된다.

☑ **나의 수입 총정리**

- 지금까지 받은 급여명세서를 모두 합산하기.
- 그중 절반을 저축했더라면 지금 통장에 얼마가 있어야 하는지 계산하기.
- 통장에 있어야 할 잔고와 현재 내 통장 잔고 비교하기.

☑ **3W, 2W, 1W 중 목표를 정하고**
목표 달성을 위한 나만의 활동 기준 정하기

- 한 주에 PT(상담) 몇 명, AP(약속), TA(접촉)가 각각 몇 명이 필요할지 직접 적어 보기.
- 이 기준을 매주 체크하며 내 예측 정확도를 높이기.

나의 행동 한 가지

나에게 묻기

질문 1

나는 지금 세일즈 프로세스에 따라 영업을 하고 있는가?

질문 2

나는 세일즈 프로세스의 단계별 행동 매뉴얼을 정확히 알고 있는가?

질문 3

고객을 만나는 흐름이 일관되고 구조적인가, 아니면 즉흥적으로 대응하고
있는가?

질문 4

영업이 흔들릴 때 나는 어느 단계에서 멈춰 있는지 알고 있는가?

판매 프로세스 2.0

프로세스 1.0은 왜 현장에서 작동하지 않는가?

보험 영업 교육에서 가장 널리 사용되는 프로세스가 있다. Prospect
— Telephone Approach — Approach & Fact Find — Presentation —
Closing — After Sales Service. 겉으로 보면 매우 체계적이다. 하지만
많은 FP들은 이 프로세스대로 움직이지 않는다. 왜냐하면 단계는 있지
만, 행동이 없기 때문이다.

Prospect라고 하면 무엇을 해야 Prospect인지 모르겠고, Approach
라고 하면 고객 앞에서 무엇을 말해야 접근이 되는지 떠오르지 않는다.
Fact Find라고 하면 어떤 질문을 해야 하는지 감이 잡히지 않는다. 즉,
프로세스 1.0은 "개념"은 있지만 "행동"이 없다. 그래서 강의실에서는
이해되는 것 같아도 현장에 나가면 금세 감으로 돌아간다.

경험 많은 사람은 그럭저럭 자기 방식으로 소화하지만, 신인에게는
안내판도 없이 낯선 길을 걷게 하는 것과 같다. 지금 어디에 있는지, 무
엇이 부족한지, 다음에 무엇을 해야 하는지 전혀 보이지 않는다.

관리자도 마찬가지다. 어디서 막혔는지 기준이 없으니 "더 열심히 해
봐요.""고객을 더 많이 만나 봐요."와 같은 추상적인 조언만 반복된다.

추상적인 프로세스에서는 예측 가능한 영업이 절대 이루어지지 않는다. 그래서 나는 기존 프로세스 1.0을 현장에서 바로 행동으로 연결되는 구조, 즉 프로세스 2.0으로 재정비했다.

프로세스 2.0: 개념이 아니라 행동의 언어로 바꾸다

Sales process 1.0		Sales process 2.0	
Prospecting	명단 확보	Prospect	고객 접점 확보
Telephone Approach	절차와 설명	Telephone Promise	고객 약속
Approach & Fact Find	설명 위주	Need & Information	질문 기반 니드와 정보수집
Presentation	상품 설명 & 설득	Proposal	니드 기반 제안
Closing	마무리 방식 불명확 (결정 제안 없음)	Sign	결정 흐름 제시 (자연스러운 선택)
After-Sales Service	형식적 방문	Thank & Care Visit	관계 재 출발, 소개 연결

[이미지 20] 판매 프로세스 1.0 vs 2.0

프로세스 2.0은 기존의 개념 단계들을 현장에서 바로 쓸 수 있는 행동 중심의 언어로 바꾼 것이다. 프로세스 1.0에서 Prospecting은 말 그대로 가망고객을 발굴하는 단계였다. 그러나 프로세스 2.0의 Prospect는 잠재고객과 접점을 만들고 관계를 여는 행동이다. Telephone Approach는 '전화접근'이 아니라 '약속 잡기(Telephone Promise)'로, Approach & Fact Find는 고객의 니드와 정보를 듣는 과정으로(Need

& Information), Presentation은 설명이 아니라 '제안(Proposal)'으로, Closing은 설득이 아니라 '절차(SIGN)'로 재정의했다. 즉, 프로세스 전체가

설명 중심 → 고객 중심

기술 중심 → 행동 중심

FP 중심 → 고객 선택 중심

으로 바뀌는 것이다. 이 변화는 영업의 무게를 줄이고, FP의 부담을 덜고, 무엇보다 고객의 마음을 여는 방식이다.

각 단계의 실제 적용법

Prospect — 가망고객은 '찾는 것'이 아니라 '만드는 것이다'

프로세스 1.0의 Prospecting은 잠재고객의 명단을 발굴하는 데서 멈추는 단계였다. "보험이 필요할 것 같은 사람"을 떠올리고, 이름을 적어두고, 리스트를 만드는 수준이었다. 고객은 존재했지만, 접촉은 없었고 영업은 머릿속에서만 움직였다. 반면 프로세스 2.0의 Prospect는 발굴 이후가 진짜 시작이다. 명단을 적어 두는 것이 아니라 전화, 메시지, SNS, 방문 등 어떤 방식이든 실제로 접촉하여 그 잠재고객을 '가능성이 생긴 고객(Prospect)'으로 전환시키는 행동 단계다.

즉, 2.0은 이름을 적는 단계가 아니라 잠재고객을 실제로 터치하여

고객 접점을 만들고, 그들을 가망고객으로 전환하는 구체적인 행동 단계로 재정의된 것이다.

결국 차이는 단순하다. 1.0은 고객을 찾는 단계이고, 2.0은 고객을 만들어가는 단계다.

Telephone Promise — 전화의 목표는 설명이 아니라 '약속 1건'

보험설계사가 전화가 두려운 가장 큰 이유는 전화를 하면 '보험 이야기를 해야 한다'고 믿기 때문이다. 그래서 전화는 늘 이런 방향으로 흐른다. 보험이 왜 필요한지 설명하고 고객을 설득하고 말 실수할까 긴장하고 설명이 길어지고 고객은 방어적으로 변하고 결국 약속이 잡히지 않는다. 하지만 전화의 유일한 목적은 단 하나다. 약속(Promise) 1건 잡기.

전화는 설명하는 시간이 아니다. 설득하는 시간이 아니다. 상품을 소개하는 시간도 아니다. 전화를 하는 이유는 '고객과 만날 시간'을 만드는 것이다. 그래서 프로세스 2.0에서는 Approach가 아니라 Promise라는 단어를 쓴다. 이 한 단어가

전화의 부담을 줄이고 그날의 행동을 명확하게 만든다.

Need & Information — 설명이 아니라 '생각하게 하는 질문'

많은 보험설계사들이 니드를 설명해서 만든다고 착각한다. "보험이 필요한 이유는요…" "보장 공백이 생기면…" "나중에 후회하지 않으려

면…" 하지만 니드는 보험설계사가 말해서 생기지 않는다. 고객이 스스로 느낄 때 생긴다. 그래서 니드·정보수집 단계의 핵심은 '설명'이 아니라 질문이다.

예를 들어, "매월 여유자금이 100만 원 생긴다면 가장 먼저 하고 싶은 건 무엇인가요?" "가정경제에서 가장 걱정되는 부분은 어떤 건가요?" "5년 안에 이루고 싶은 목표가 있으세요?" 고객이 스스로 이야기하면 그 말 속에 니드가 담겨 있고 보험설계사는 정보와 방향을 동시에 얻는다. 이것이 진짜 니드 수집이다. 고객이 말하는 순간 신뢰는 형성된다.

Proposal — Presentation이 아니라 '제안'

Presentation은 보험설계사 중심이다. 설득해야 하고, 말 잘해야 하고, 대본을 외워야 하고, 설명도 길어진다. 그래서 보험설계사는 부담을 느끼고 고객은 피곤해진다. Proposal은 반대. 고객의 말을 듣고 그 말에 대한 해결책을 제안하는 것이다.

"그 고민은 이렇게 해결해 보면 어떨까요?"
"두 가지 옵션 중 고객님 상황에 맞는 건 어느 쪽 입니까?"
"이 방향이 더 안정적인데, 고객님은 어떻게 느끼세요?"

설명은 줄고 대화가 늘고 고객의 참여감이 생긴다. 설득이 필요 없다. 고객 스스로 선택하게 된다.

SIGN — 설득이 아니라 '절차'

보험설계사들이 가장 어려워하는 부분이 클로징이다. 설명은 했는데 마무리가 안 되고 결정하지 못하고 돌아오는 경우가 많다. 고객은 스스로 결정을 잘 하지 않는다. 고민하고, 미루고, 또 미룬다. 그래서 Closing이라는 단어는 FP에게 부담을 준다.

"어떻게 마무리하지?" "지금 청약해도 되나?" "고객이 부담 느끼면 어쩌지?" 반면 SIGN은 명확하다. 절차를 안내하는 것이다.

"그럼 이 방향으로 진행해 보겠습니다."

"절차상 몇 가지만 확인해 드릴게요."

"가입을 위해 기본 정보만 입력하겠습니다."

"간단하게 모바일로 진행할까요, 대면으로 진행할까요?"

"두 가지 옵션 중 어느 쪽이 더 마음에 드세요?"

"바로 진행해 볼까요, 아니면 궁금하신 부분부터 확인해 볼까요?"

설득이 아니라 '다음 단계로 넘어가는 자연스러운 흐름'이다.

Thank & Care Visit — 관계는 계약 이후부터 시작된다

많은 FP들은 계약이 끝나면 역할도 끝났다고 생각한다. 그래서 사후

관리(AFTER-SALES)는 '시간 날 때 연락하는 일' 정도로 여겨진다. 하지만 고객은 계약 이후에 FP를 더 명확하게 평가한다.

프로세스 2.0의 Thank & Care Visit 단계는 단순한 안부 연락이 아니라 관계의 재출발을 의미한다.

- "가입해 주셔서 감사합니다. 앞으로 제가 책임지고 관리하겠습니다."
- "연말에 한 번 찾아뵙고 보장 점검 도와드릴게요."
- "혹시 지인 중에 상담이 필요하신 분이 있다면 언제든 말씀 주세요."

이런 작은 접촉이 신뢰가 되고, 재계약이 되고, 소개가 된다. 즉, Thank & Care Visit은 고객과의 관계를 '소비자 관계'에서 '파트너 관계'로 전환시키는 단계이며, FP의 영업을 지속 가능한 구조로 만드는 핵심 단계다.

감이 아니라 구조가 영업을 만든다

영업은 감으로 시작할 수 있다. 하지만 끝까지 가는 사람은 자기 영업을 구조화한 사람이다. 프로세스 2.0은 영업을 구조화하는 매우 단순하고 강력한 프레임이다.

- 전화가 가벼워지고
- 상담이 편안해지고

- 니드가 자연스럽게 드러나고
- 제안이 자연스럽게 이어지고
- 사인이 절차처럼 흘러가게 된다

영업은 복잡하지 않다. 감이 아니라 구조다.

그 구조가 바로 프로세스 2.0이다. 보험 영업을 오래 하다 보면 누구나 같은 고민을 하게 된다. 나는 왜 늘 비슷한 자리일까? 왜 어떤 설계사는 꾸준히 잘 되고, 어떤 설계사는 계속 흔들릴까? 그 이유는 능력이나 재능 때문이 아니다. 가장 본질적인 이유는 바로 프로세스다. 대부분의 설계사는 프로세스 없이 영업을 한다. 당일 상황에 따라 즉흥적으로 움직이고, 그때그때 떠오르는 대로 상담하고, 오늘은 잘 되지만 내일은 흔들리는 이유가 바로 여기에 있다.

마무리

결국 차이는 능력이 아니라 프로세스다. 프로세스가 있는 사람은 흔들리지 않는다. 프로세스 2.0은 단순한 방법이 아니라 당신의 영업을 움직이는 엔진이다.

※ 안내 ─ 용어 사용 관련
프로세스 2.0은 내가 제안하는 새로운 구조이지만, 다음 챕터부터는

독자의 혼란을 막기 위해 기존 보험업계에서 사용하는 판매 프로세스 1.0 용어 체계를 기준으로 설명한다. 실천 가이드 역시 현장에서 익숙하게 쓰는 표현 위주로 이어진다.

☑ 프로세스 2.0을 눈에 보이도록 붙여 두기

• 세일즈 프로세스를 책상 앞에 붙여 두고, 매일 한 번씩 읽기.

☑ 단계별 행동 하나 선정해 실천하기

• 지금 나에게 가장 필요한 행동 1가지를 골라 실천한다.

　예) Telephone Promise ─ 하루 3명 약속 잡기

☑ 한 단계 완성 → 단계 기록, 자동화하기

• 내 행동이 프로세스의 어떤 단계인지 확인하고 기록하기.
• 매일 프로세스를 떠올리며 행동해 자동화하기.

나의 행동 한 가지

나에게 묻기

질문 1

나는 월요일 아침 출근이 즐거운가? 아니면 불안한가?

그 이유는 무엇인가?

질문 2

나는 주간계획을 세워 본 적이 있는가?

세웠다면 그것이 실제 행동으로 이어졌는가?

질문 3

어제, 오늘, 내일 중 가장 중요한 날은 언제인가?

그 이유는 무엇인가?

영업인은 내일, 다음 주를 살아야 한다!

준비된 영업의 힘!

다음 달을 준비하는 계획이 이번 달 말에 이미 완성되어 있다면, 우리는 얼마나 가벼운 마음으로 새 달을 맞이할 수 있을까? 영업은 본질적으로 어렵지 않다. 진짜 어려운 것은 계획을 세우는 일이다. 계획 없는 영업은 방향 없는 항해와 같다. 강의할 때 [이미지 21]처럼 다음 달 월간 계획표 그림을 보여 주면서 만약에 한 달 활동을 시작하기 전에 이런 한 달 계획이 잡혀 있다면 어떨까? 하면서 아래 계획표를 보여 주면 많은 사람들이 감탄한다. "일주일도 아니고 한 달 계획이 가능한가요?" "보기만 해도 배가 불러요" "이런 영업을 할 수만 있다면 평생 할 수 있을 것 같아요"

그리고 나는 이렇게 묻는다. "우리에게 어제와 오늘, 내일 중 가장 중요한 날은 언제일까요?" 대부분의 보험설계사들은 "오늘이요!"라고 대답한다. 물론 틀린 답은 아니다. 하지만 나의 생각은 다르다. 나는 영업에서 가장 중요한 날은 내일이다. 영업은 오늘만 살아서는 안 된다. 오늘이 중요한 이유는 내일을 준비할 수 있기 때문이다. 오늘은 이미 어제의 결과이고, 오늘의 성과는 내일로 이어진다. 그래서 영업하는 사람은 항상 내일을 살고 다음 주를 살아야 한다.

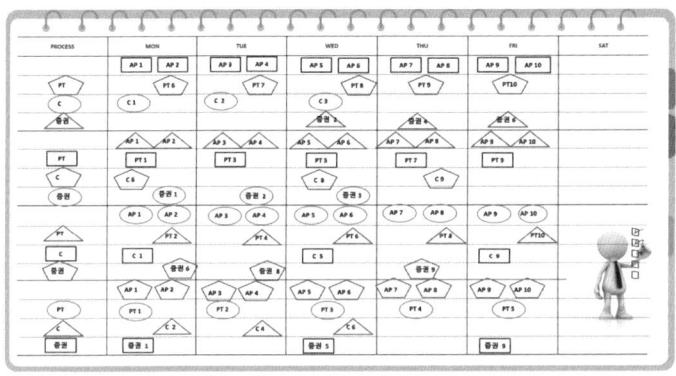

[이미지 21] 다음달 월간 계획표

기대되는 월요일을 만들어라

월요일 아침, 당신의 발걸음은 가벼운가? 아니면 무거운가? 가슴이 두근거려 빨리 회사로 향하고 싶은 월요일을 맞이하고 싶은가, 아니면 불안하고 답답한 마음으로 억지로 나가는 월요일을 맞이하고 싶은가? 내 아내가 예전에 지점장을 그만둔 뒤 이런 말을 했다.

"토요일까지는 웃고 즐거워 보였는데, 일요일 오후가 되면 얼굴이 굳고 불안해 보였어."

왜 그랬을까? 월요일에 어떤 결과가 나올지 알 수 없었기 때문이다. 매주 마감, 매달 마감. 끝없는 불안과 압박의 연속이 스트레스로 이어졌다. 지금도 가끔 '마감하는 꿈'을 꾸곤 한다. 마치 군대를 전역하고도 다시 입대하는 악몽처럼 말이다.

그래서 나는 보험설계사들이 불안한 영업이 아니라, 미리 준비된 영업, 예측 가능한 영업을 할 수 있도록 돕는 것을 가장 큰 과제로 삼았고 그것을 해결하기 위해 많은 노력을 했다. 결론은 분명하다. 영업에서 가장 중요한 것은 계획을 세우는 일이다.

계획 훈련, 이렇게 한다

나는 강의에서 이렇게 묻는다. "만약 매일 AP 약속을 두 명씩 잡는다면 어떤 현상이 생길까요?"

- "바빠지겠죠."
- "활기가 생기겠죠."
- "월급을 많이 받겠죠."

그리고 나서 [이미지 22] 주간 계획표 양식을 플립차트로 크게 출력하여 팀으로 배정하고 실제로 실습을 한다.

PROCESS	MON	TUE	WED	THU	FRI	SAT
Need & Information						
Proposal						
Sign						
Thank & Care Visit						
Need & Information						
Proposal						
Sign						
Thank & Care Visit						
Need & Information						
Proposal						
Sign						
Thank & Care Visit						
Need & Information						
Proposal						
Sign						
Thank & Care Visit						

[이미지 22] 주간 계획표 양식

1. 네 가지 색의 포스트잇을 준비한다(= 색깔 당 10매, 총 40매).

2. 한 색깔은 한 주를 의미한다. AP(첫 만남) 고객을 한 장 당 1명씩, 10명을 적어 붙인다. 이때 포스트잇에 이름 대신 'AP1번, AP2번… AP10'으로 번호만 기재한다. 번호가 이름인 것이다.

3. 10명 AP 중 몇 명을 PT(제안)할지 정하고, 다음 주 약속 날짜에 맞춰 포스트잇을 붙인다.

4. 또 PT한 인원 중 몇 명을 C(체결)할지 정하고 다음 주에 약속 날짜에 맞춰 포스트잇을 붙인다.

5. 체결한 고객은 다음 주 증권 전달, 사후봉사 일정을 잡고 포스트잇을 붙인다.

6. 그리고 또 다른 색으로 AP부터 사후봉사까지 같은 패턴으로 포스트잇을 붙인다.

7. 세 번째 포스트잇 부터는 3주차를 맨 위에 있는 1주차에 이어 붙인다.

8. 4가지 색을 모두 프로세스에 맞게 붙인다.

이 과정을 네 주 동안 반복하면, 영업의 흐름이 자연스럽게 고객 약속이 연속으로 이어진다. 이때 이상적인 활동은 AP 10명 중 5명을 만나 PT를 하고, 그중 3명을 체결하는 것이다. AP약속을 잡았지만 만나지 못한 고객, PT까지 갔지만 체결이 안 된 고객은 다시 약속을 잡는다. 그리고 중요한 것은 반드시 소개를 받아 TA(약속 잡기) 단계로 연결하는 것이다.

직접 체감하는 변화

실습 후 나는 묻는다. "직접 해 보니 어떻습니까?" 그러면 보험설계사들의 대답은 늘 비슷하다.

- "바빠서 죽을 것 같아요."
- "비서가 있어야겠네요."
- "알바라도 구해야 할 것 같아요."
- "너무 행복할 것 같아요."
- "이렇게만 된다면 영업할 만할 것 같아요."

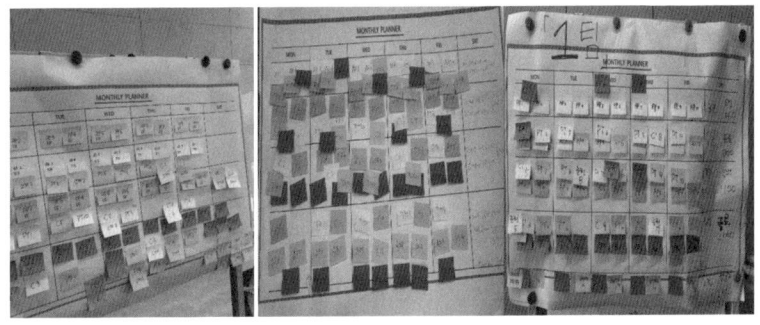

[이미지 23] 주간계획표 실습 사례

눈빛은 반짝이고, 표정에는 활기가 가득하다. 그때 나는 확신한다. 계획은 말로 배우는 것이 아니라, 직접 체험으로 깨닫는 것이다. 서두에서 보여 주었던 한 달 계획표를 눈으로만 보는 것과 직접 계획을 세

위 보는 것은 전혀 다르다. 실습을 통해 보험설계사들은 계획의 중요성을 피부로 느끼고, 실습은 충격과 깨달음을 동시에 안겨준다. 이 교육은 영업팀장을 대상으로 해서 현장에서 많이 활용하고 있다. "이대로 팀원들과 하고 있는데 효과가 너무 좋았어요!" "신인을 대상으로 아침마다 함께 하고 있고 계획의 중요성을 많이 깨달은 것 같아요!" "월요일 발걸음이 무거웠는데 이젠 월요일이 두렵지 않아요." 등 긍정적인 반응을 많이 보여 주어 교육한 자로서 보람을 느낀다.

마무리

영업은 어렵지 않다. 어려워야 하는 것은 계획을 세우는 일이다. 계획 없는 영업은 늘 불안하다. 그러나 계획이 완성된 영업은 예측 가능하다.

불안한 월요일이 아니라, 가슴 뛰는 월요일을 맞이하라.

그것은 철저한 계획에서 시작된다.

☑ Approach & Fact Find를 위한 약속 목표 세우기

• 매일 확보할 Approach & Fact Find(첫 만남) 약속 건수를 스스로 정하기.
  예) 하루 AP 1건 약속 잡기 또는 AP 약속 2건 잡기

☑ 나만의 계획표 만들기

• Prospect → Telephone Approach → Approach & Fact Find →
  Presentation → Closing이 연속되도록 계획표를 작성하기.

• 다이어리·엑셀·포스트잇 중 익숙한 도구 활용하기.

• 하루를 결과가 아니라 내일, 다음 주 약속을 확인하고 마무리하기.

나의 행동 한 가지

나에게 묻기

질문 1

보험설계사에게 하루 일과 중 가장 중요한 일은 무엇인가?

질문 2

고객과 만남의 최종 목표는 무엇인가?

질문 3

나는 금요일마다 다음 주 주간계획을 점검하는가?

고객과 약속이 영업의 전부다!

약속 없는 지식과 스킬은 무용지물

많은 보험설계사는 약속보다 계약에 초점을 맞추는 경향이 있다. 보험설계사뿐만 아니라 모든 영업 현장에서는 결과가 눈에 보이기 때문에 그쪽으로 끌려가기 쉽다. "상품을 많이 알아야 한다." "보장분석을 잘해야 한다." "법인 영업을 공부해야 한다." 이런 말들을 흔히 듣는다. 그러나 중요한 사실이 있다. 아무리 상품을 잘 알아도, 아무리 분석을 잘해도, 아무리 법인 영업을 준비해도 만날 사람이 없으면 무의미하다는 점이다. 만날 사람이 없는데 배운 지식을 어디에 쓰겠는가?

현장에서 리더들에게 늘 강조하는 부분이 있다. 신입이 들어오면 가장 먼저 시켜야 할 것은 상품 공부가 아니라 약속 잡는 훈련이라는 것이다. 하지만 실제로는 반대다. 현장에서 가장 많이 하는 교육이 상품 교육이다. 그래서 신입은 상품은 배우지만 정작 만날 사람이 없어 적용할 기회를 잃는다.

보험설계사에게 가장 중요한 일은
내일 만날 사람과의 약속을 준비하는 것이다.

내일 고객과 약속이 없다면, 오늘 제대로 활동하지 않았다는 의미다. 내일은 사실상 공백의 하루가 된다.

일부는 '당일 약속을 잡으면 되지 않느냐'고 말한다. 물론 틀린 말은 아니다. 그러나 당일 약속은 준비할 시간을 빼앗고, 시간 활용을 비효율적으로 만든다. 결국 하루를 운에 맡기는 활동이 된다. 반대로 생각해 보자.

신입사원이 만약 내일 월납 100만 원짜리 종신보험을 가입하려는 고객을 만나야 하는데, 상품에 대해 아무것도 모른다면 어떻게 할까? 대부분은 상품을 잘 아는 선배를 찾아가 묻고, 상담 요령을 배우며, 그날 밤을 새워서라도 준비할 것이다. 그렇게 약속이 정해져 있으면 상품 지식은 머리에 쏙쏙 들어오고, 판매 노하우도 빠르게 습득된다. 약속이 있어야 배움도 살아난다.

따라서 보험설계사에게 가장 중요한 일은 약속을 잡는 일이다. 오늘, 내일, 그리고 다음 주의 약속까지도 준비하는 것이 영업의 핵심이다. 약속이 많아지면 활동이 많아지고, 경험이 쌓이고, 실패와 성공을 통해 노하우가 만들어진다. 그것이 쌓여야 전문가가 될 수 있다.

고객과 만남의 최종 목표는 '또다른 만남'이다

"고객과 만남의 최종 목표는 무엇일까?" 많은 보험설계사는 "계약"이라고 대답한다. 틀린 말은 아니지만, 정답도 아니다. 고객과 만남의 최종 목표는 "또 다른 만남"이다. 흔히 하는 실수가 마지막 고객과 인사할 때 "다음에 뵙겠습니다!"이다. 다음에 뵙겠다는 것은 언제 갈지 모른다는 것이고, 중요한 것은 계획이 없다는 것이다. 계약을 했든, 소개를 받았든, 가볍게 차만 마셨든, 중요한 것은 그 고객과 다음 만남을 약속하는 것이다. 그렇다면 약속은 누구 기준으로 잡아야 할까? 대부분은 "고객 기준"이라고 답한다. 물론 고객과의 합의가 중요하다. 그러나 보험설계사가 주도적으로 이끌어야 한다. "고객님, 다음 주 수요일 오후 2시 어떠세요?" 이렇게 구체적으로 제안하고 약속을 확정하는 것이 필요하다. 결국 이 약속은 고객을 위한 것이기도 하지만, 더 근본적으로는 설계사 자신을 위한 것이다. 확실한 약속을 만들어야 움직일 수 있기 때문이다.

3W! 현장 경험이 준 교훈

나는 지점장 시절 본사에서 3개월간 현장 필드 활동 과정을 이수한 경험이 있다. 그중 7주는 실제 필드에서 고객을 만나는 시간이었다. 목표는 3W, 즉 한 주에 3건 계약이었다. 하지만 타지인 서울에서 시작한 나의 첫 과제는 '계약'이 아니라 '사람'이었다.

첫 번째 만난 사람은 대학 동기였다. 계약이 아니라 '소개'를 받을 수 있을 거라 기대했기 때문이다. 두 시간 동안 준비한 이야기를 진지하게 나눴다. 결과는 예상 밖이었다. 그는 계약까지 해 주겠다고 했다. 그러나 내 목적은 계약이 아니라 소개였다. 결국 계약과 함께 소개까지 얻을 수 있었다. 그때 절실히 느꼈다. 계약보다 중요한 것은 사람이라는 것을.

7주 동안 처절하게 경험한 것은 단순했다. 계약보다 사람을 먼저 생각해야 소개가 나오고, 또 다른 만남이 이어진다는 사실이다. 그 과정에서 또 하나 크게 배운 것이 있다. 바로 주간 계획이다. 외국계 보험사코칭 매니저는 금요일까지 반드시 주간 계획을 세우게 했고, 그 계획을철저히 관리했다. 그 경험 덕분에 고객과 약속, 내일 준비, TA와 소개의 중요성을 몸으로 배울 수 있었다.

나중에 연수원에서 지점장 후보자 과정을 지도할 때도 이 경험을 전했다. 그들에게 한 건의 계약이 얼마나 소중한지, 그 한 건을 위해 얼마나 많은 실패와 노력이 필요한지를 체험하게 했다. 무엇보다 약속을통해 계획을 세우는 습관을 강조했다.

나는 벽면에 커다란 주간 계획표를 붙여 놓았다. 나의 코칭은 오늘활동 결과와 계약이 중요한 게 아니라, 내일의 약속이 잡혀 있는가를확인하는 것이 핵심이었다. 지점장 후보자들은 힘들어했지만, 그 과정에서 약속의 본질을 체득했다.

영업의 기본 3요소

농부가 농사를 짓기 위해 반드시 필요한 세 가지가 있다. 첫째, 땅이다. 땅은 농사의 가장 기본이며 넓이만큼 수확한다. 둘째, 씨앗이다. 씨앗을 뿌리지 않으면 잡초만 무성하다. 셋째, 물이다. 끊임없이 물을 공급해야 곡식이 자란다. 보험설계사에게도 영업의 기본 3요소가 있다.

- 가망고객은 땅이다.
- TA는 씨앗이다.
- 정보 수집은 물이다.
- 그리고 이 모든 것을 키우는 것은 나의 땀과 노력이다.

보험 영업은 농사와 다르지 않다. 가장 중요한 옥토 같은 가망고객이 있어야 하고, 씨앗 같은 TA(전화접근)를 뿌려야 싹이 트며, 물처럼 꾸준히 공급하는 정보수집이 있어야 신뢰라는 열매가 자란다. 이 세 가지가 고르게 어우러질 때 비로소 풍성한 수확, 즉 지속 가능한 성과를 기대할 수 있다.

마무리

보험설계사에게 가장 중요한 것은 계약이 아니다. 약속이다. 약속이 있어야 계약이 생기고, 약속이 있어야 소개가 이어지며, 약속이 있어야 성장이 가능하다.

☑ 약속 기록 습관

• 매일 고객과의 약속 건수를 기록하고 점검하기.

☑ 고객과의 약속 구체적 확정

• "다음에 뵙겠습니다." 대신 날짜와 시간을 구체적으로 제안하기.
  예) "다음 주 수요일 오후 2시에 뵙겠습니다."

☑ 주간계획 진도율 체크

• 주간계획표를 활용해 다음 주 약속 진행률 매일 확인하기.

나의 행동 한 가지

나에게 묻기

질문 1

내가 생각하는 가망고객은 어떤 고객인가?

질문 2

나의 가망고객과 잠재고객의 수가 몇 명인지 알고 있는가?

질문 3

나의 기계약자 관리를 어떻게 하고 있는가?

가망고객은 옥토, 영업의 자산이다

가망고객의 정의

조선시대에는 만석꾼이라 불리는 사람들이 있었다. 쌀 만 섬, 즉 약 14만 4천 킬로그램을 생산하는 땅을 가진 슈퍼리치였다. 농부에게 땅이 가장 큰 자산이듯이, 보험설계사에게는 가망고객이 그 역할을 한다. 보험교재에서 말하는 가망고객의 4가지 조건은 다음과 같다.

1. 접근이 가능할 것
2. 보험 니드가 있을 것
3. 건강할 것
4. 보험료 납입 능력이 있을 것

하지만 이 조건만으로는 부족하다. 아무리 조건이 맞아도 한 번도 접촉하지 않은 고객은 가망고객이 될 수 없다. 가망고객은 반복 접촉하며 관계가 형성된 고객이다. 내가 전화를 걸거나 문자라도 보내 본 고객, 그리고 직접 만나 터치한 고객이 진짜 가망고객이다. 그렇지 않은 고객은 아직 경작하지 않은 황무지 같은 잠재고객일 뿐이다.

하루 일과를 가망고객을 보는 것으로 시작하라! "당신의 영업은 무엇으로 시작하는가? 가망고객을 조석(朝夕)으로 보아라!"

많은 분들이 아침에 사무실에 나가서 하루의 시작을 커피로 시작 한다. 생각하지 않고 자연스럽게 커피를 마신다. 그럼 하루를 시작하는 일은 무엇으로 해야 할까? 내가 생각하는 하루의 시작은 가망고객 리스트를 보는 거다. 강의할 때 이런 질문을 많이 한다.

"농부가 매일 논에 나가는 이유는 무엇일까요?", "그럼 일이 있어서 나가는 걸까요, 아니면 나가니까 일이 생기는 걸까요?" 정답은 후자다. 나가니까 일이 생기는 것이다. 아마 농부가 논에 나가지 않으면 할 일이 없을 것이다. 논에 나가야 풀도 뽑고, 물도 채우고, 병도 발견한다. 그리고 거기에 맞는 수고로움이 있어야만 가을에 풍성한 수확을 할 수 있다.

그래서 [이미지 24] 가망고객 리스트 양식에 먼저 기계약자를 이름과 전화번호만 적는다. 그리고 만나는 고객, 전화나 문자로 터치한 고객을 작성한다. 여기에는 최소의 정보만 작성해야 한다. 왜냐하면 우리도 농부가 매일 논에 나가듯이 가망고객 명단을 매일 보아야 하기 때문이다. 아침에 커피를 마시면서 가망고객 리스트를 보고 오후에 퇴근전 보고 또 한번을 보아야 한다. 그리고 새로운 잠재고객 중에서 문자를 보냈거나, 전화 통화를 했거나, 만난 사람이 있으면 가망고객 리스트에 등재하는 습관도 들여야 한다. 그래야 가망고객 수가 늘어난다.

No	고객 명	나이	Tel	소개자	Need/ Information	proposal	Sign 생각해 봄	Sign 다음예함	Sign 동의 없음
1									
2									
3									
4									
5									
6									
7									
8									
9									
10									
11									
12									
13									
14									
15									
16									
17									
18									
19									
20									
21									
22									
23									
24									
25									
26									
27									
28									
29									
30									

[이미지 24] 가망고객 리스트 양식

영업을 잘하는 사람들은 머릿속에 고객이 꽉 차 있다는 것이다. 그래서 일이 많아질 수밖에 없다. 보험설계사님들에게 "눈을 감으세요. 그리고 머릿속에 있는 고객을 스크린처럼 지나게 해 보세요. 고객 이름이 계속 지나가나요?"라고 물으면 웃는 분들이 많다. 고객이 머릿속에 없으면 일은 없다.

매일 본다는 것은 관심이고, 집중이며 매우 중요한 일이다. 한 달을 보면 조금씩 고객이 보이기 시작할 것이다. 6개월을 보면 일이 많아질 것이고 1년을 보면 하루가 엄청 바빠지는 모습을 발견할 것이다. "작은 움직임 하나가 엄청난 변화를 가져올 수 있다는 걸 알게 될 것이다."

가망고객 1순위는 기계약자다. 특히 기계약자는 가장 좋은 땅과 같다. 이미 한 번 계약을 해 주었고, 나를 신뢰해 준 고객이다. 그렇다면 보험설계사가 해야 할 가장 중요한 일은 무엇일까?

바로 기계약자 관리다.

첫째, 기계약자는 재가입 가능성이 높다. 보험회사 내부 통계와 현장 경험에 따르면, 기계약자의 재가입률은 일반 신규 고객보다 훨씬 높다. 일부 자료에서는 70%에 달한다는 분석도 있다. 그만큼 기계약자 관리가 중요하다. 하지만 현실은 많은 보험설계사들이 새로운 고객 찾기에만 몰두하고 기계약자 관리에는 소홀하다. 정작 다시 계약해 줄 가능성이 큰 고객을 놓치고 있는 셈이다.

기계약자 관리의 핵심은 꾸준한 터치다. 최소 한 달에 한 번은 연락하고, 1년에 한 번은 감사 편지와 작은 선물을 전하는 것만으로도 고객은 '관리 받고 있다'는 인식을 갖게 된다. 예를 들어, 신인 보험설계사에게는 이런 편지를 쓰도록 한다.

"고객님, 제가 보험설계사로서 첫 계약을 해 주신 지 벌써 1년이 되었습니다. 힘들고 두려웠던 시절, 고객님의 한 건이 저에게 큰 용기와 자신감을 주었고, 그 힘으로 지금까지 달려올 수 있었습니다. 앞으로도 고객님 가정에 도움이 되는 보험설계사가 되겠습니다. 진심으로 감사합니다."

이런 정성 어린 편지와 함께 작은 선물을 전한다면, 고객의 마음은 단단히 묶인다. 또 한 명의 비전팀장은 기계약자 관리로 유명했다. 그는 한 달에 한 번 꼭 고객을 찾아가 대화를 나누었고, 고객의 일상 속 고민과 변화를 꼼꼼히 기록했다. 어느 날 한 고객이 "에어프라이어가 고장 났다"는 말을 했고, 그는 그 사실을 기억해 두었다가 나중에 에어프라이어를 선물했다. 고객은 크게 감동했고, 그 후 신상품 제안에도 긍정적으로 반응했다. 작은 배려가 신뢰를 만든다.

이처럼 고객의 변화에 귀 기울이고 맞춤형으로 대응하는 것이 진정한 보험설계사의 일이다. 고객의 삶은 끊임없이 변화한다. 가정형편, 가족관계, 관심사, 경제적 상황이 변할 때마다 보험설계사는 그에 맞는 해법을 제시해야 한다. 이것이 바로 재무설계사의 진짜 역할이다. 하지만 내가 필요할 때만 만난다면 고객은 금방 알아차린다. 그래서 기계약자는 씨앗을 계속 뿌리고 꾸준한 터치가 매우 중요하다.

둘째, 기계약자는 소개로 이어진다. 가수의 성공 기준이 단독 콘서트라면, 보험설계사의 성공은 고객이 자연스럽게 나를 떠올리고 소개를 해 주는 것이다. 어느 모임에서 보험 이야기가 나오면 주저 없이 "내가 아는 보험설계사가 있어, 정말 훌륭해." 하고 소개할 수 있을 때 보험설계사는 진정으로 성공했다고 말할 수 있다.

보험 영업에서 소개만큼 빠르고 확실한 판매루트는 없다.

소개는 단순히 한 건의 계약이 아니라, 깊은 신뢰의 결과다.

고객을 진심으로 위하는 마음, 돕고자 하는 진정성이 있을 때 소개는 자연스럽게 흘러나온다.

마무리

가망고객은 옥토다. 매일 살피고 경작할 때만 풍성한 수확이 따른다. 꾸준한 관리와 기계약자의 충실한 돌봄, 그리고 소개로 이어지는 관계야 말로 가망고객 관리의 본질이다. 가망고객을 매일 보는 습관, 그리고 오후에 또 보고 업데이트 하는 습관이 결국 황무지를 옥토로 바꾸는 일이다. 또한 기계약자의 꾸준한 관리와 소개를 받는 것, 그것이 바로 영업에서 가장 기본이다.

▣ 가망고객 리스트 작성

• 가망고객 조건에 맞는 고객을 찾아 리스트에 작성하기.

▣ 매일 확인 습관

• 출근 후와 퇴근 전, 가망고객 명단을 반드시 한 번씩 보기.

▣ 가망고객 리스트 업데이트

• 새로운 접촉이 생길 때마다 리스트에 추가하고, 계약 권유 시 거절의 유형 체크하기.

▣ 기계약자 관리

• 기계약자 터치 계획 세우기(최소 반기, 분기, 월 터치 계획, 연 감사 편지/ 선물 발송 계획).

나의 행동 한 가지

나에게 묻기

질문 1

고객의 정보를 수집하면 가장 먼저 무엇이 떠오르는가?

_____

_____

질문 2

나는 매일 고객과 만남이나 TA 때 대화 내용을 매일 기록하는가?

_____

_____

질문 3

내가 생각하는 경청이란 무엇인가?

나는 경청을 잘 하는 편인가?

_____

_____

정보수집은 물, 신뢰의 생명수다

고객은 왜 보험설계사를 만나기를 꺼려 할까?

보험설계사는 고객이 미래를 준비하고, 가정경제를 안전하게 지켜 내며, 경제적 행복을 완주하도록 도와주는 사람이다. 그런데 왜 고객은 그런 나를 만나려 하지 않을까? 아무리 좋은 정보도 고객에게 닿지 않는 순간이 많다. 답은 단순하다. 고객을 잘 모르기 때문이다.

고객이 보험설계사를 신뢰하지 않는 이유

고객이 신뢰하지 않는 근본 원인은 '내가 도움을 받고 있다'는 느낌을 받지 못하기 때문이다. 상담을 통해 고객을 돕는다는 것은 그 사람이 가진 고민과 관심을 제대로 알고, 공감해 주는 과정에서 시작된다. 하지만 많은 보험설계사들이 고객이 어떤 고민을 갖고 있는지, 어떤 관심사를 갖고 있는지조차 모른 채 상담을 시작한다.

예를 들어 그림 속 상황을 떠올려 보면 왼쪽은 고객이고, 오른쪽은 보험설계사이다. 두 사람은 마주 앉아 대화하고 있지만 서로의 관심사는 전혀 다르다. 고객은 자신의 돈에 대한 고민을 안고 있고, 보험설계사는 자신의 상품과 계약을 목표로 생각하고 있다. 결국 상담 자리에서 정작 경청하는 쪽은 고객이고, 말을 쏟아 내는 쪽은 설계사다. 이 구조에서는 신뢰가 생길 수 없다. 즉, 완전히 반대의 장면이 만들어지는 것이다.

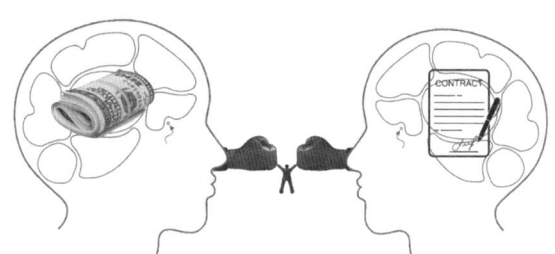

[이미지 25] 고객의 고민으로 접근하라

상담은 원래 고객의 고민을 경청하고, 그 어려움을 함께 해결할 수 있도록 도와주는 과정이다. 그런데 정작 말을 많이 하는 쪽은 보험설계사고, 경청하는 쪽은 고객이다 보니 고객이 신뢰를 보내기 어려운 것이다.

신뢰의 시작은 '정보 수집'

이런 현상이 생기는 이유는 단순하다. 고객을 알지 못하기 때문이다. 고객의 고민과 관심사를 모르면 질문을 할 수 없다. 질문이 없으니 고객도 말을 하지 않는다. 고객이 말을 하지 않으니 경청을 하고 싶어도 할 수 없는 상황이 된다. 결국 보험설계사가 자기 이야기를 늘어놓을 수밖에 없게 된다. 그래서 영업에서 가장 중요한 핵심 중 하나는 바로 정보 수집이다. "적을 알고 나를 알면 백전백승"이라는 말처럼, 고객에 대한 정보가 없다면 결코 신뢰를 얻을 수 없다.

사례 1: 소와 사자의 사랑 이야기

이솝우화 중에 '소와 사자의 사랑 이야기'가 있다.

[이미지 26] 소와 사자의 이야기

소와 사자는 서로를 너무 사랑했다. 소는 가장 좋아하는 풀을 사자에게 주며 사랑을 표현했지만 사자가 그 풀을 먹을 수 있었을까? 아니다. 사자는 초식동물이 아니니까. 반대로 사자도 소를 사랑했다. 그래서 가장 좋은 고기를 선물했지만 소는 고기를 먹을 수 없었다.

결국 두 동물은 서로를 진심으로 사랑했지만 그 사랑은 끝내 닿지 못했다. 서로를 몰랐기 때문이다. 아무리 좋은 의도라도 상대에게 맞지 않으면 선물이 아니라 부담이 되고, 심지어 상처가 된다. 의도가 아니라 이해의 부족이 문제였다.

보험 영업도 똑같다. 설계사가 최선을 다했는데도 거절을 당하는 이유는 마음이 부족해서가 아니라 고객을 모른 채 제안했기 때문이다. 그래서 진짜 영업은 제안보다 먼저 이해가 필요하다. 고객이 무엇을 고민하고, 무엇을 원하고, 무엇을 두려워하고, 무엇을 꿈꾸는지 알아야 한다. 고객을 알고 난 뒤의 최선만이 진짜 최선이다.

사례 2: 아프리카 잠비아의 우물 이야기

[이미지 27] 아프리카 잠비아 우물

'디자인 씽킹' 강의에서 들었던 사례이다. 아프리카 잠비아의 한 마을 여인들은 매일 하루 세 시간씩 걸어가 빨래를 하고 물을 길러오는 힘든 하루를 보내는 모습을 보게 된다. 유네스코는 이들의 고통을 덜어주겠다며 마을에 우물을 설치해 주었다. 그러나 한 달 뒤에 가 보았는데 물가에는 아무도 오지 않았다.

왜 그랬을까? 그러나 그 시간은 여인들에게 유일한 자유와 즐거움의 시간이었다. 좋은 의도로 만든 우물이 오히려 삶의 의미를 빼앗을 뻔했다. 정보 부족이 만든 전형적인 실패였다.

보험 영업도 같다. 보험설계사는 상품을 파는 사람이 아니라 고객의 삶을 도와주는 사람이다. 하지만 고객을 모른 채 제안한다면, 그 제안은 도움이 아니라 부담이 되고, 때로는 오해와 거절을 만든다.

고객을 알아야 도울 수 있다. 그들의 상황, 감정, 두려움, 필요를 이해하려는 노력 없이 진짜 공감은 존재하지 않는다.

그래서 영업은 설명보다 질문이 먼저이고, 제안보다 이해가 먼저여야 한다. 도움은 마음에서 시작되지만, 실패는 정보가 없을 때 발생한다. 고객을 알고 난 뒤의 도움만이 비로소 진짜 도움이 된다.

푸시(PUSH) 하지 말고 풀(PULL) 영업하라!

정보가 부족하면 상담은 결국 PUSH가 된다. 고객을 밀어붙이고, 설득하려 하고, 설명을 쏟아붓게 된다. 그 순간 고객은 마음을 닫고 거리를 둔다. 거절은 감정이 아니라 방어의 본능이다. 하지만 고객을 이해하기 시작하면 흐름이 달라진다. 고객의 고민, 생활, 취향, 꿈, 두려움 같은 '사람의 정보'가 쌓일수록 상담은 밀어붙이는 관계가 아니라 끌리는 관계, 즉 PULL 관계로 바뀐다.

여기서 중요한 것은 정보가 꼭 무겁고 심각한 정보일 필요는 없다는 것이다. 드라마, 좋아하는 가수, 취미, 음식, 요즘 빠져 있는 프로그램처럼 가볍고 편안한 이야기부터 시작될 수 있다. 이런 일상의 정보는 고객의 긴장을 풀고, 마음의 문을 여는 가장 자연스러운 열쇠가 된다. 가벼운 대화가 쌓이면 관계가 열리고, 관계가 열리면 비로소 깊은 니드가 드러난다. 설명보다 질문이 먼저이고, 말보다 경청이 먼저인 이유가 바로 여기에 있다. 그래서 정보수집 단계에서 PUSH가 아니라 PULL을 만들기 위해 다음과 같은 질문을 던져볼 수 있다.

"요즘 가장 관심 가는 게 뭐예요? 요즘 어디에 가장 마음이 가세요?"

"만약 갑자기 여유자금 1,000만 원이 생기면, 제일 먼저 뭐 하고 싶으세요?"

"요즘 밤에 누우면 제일 먼저 떠오르는 걱정은 뭐예요?" "가족에게 꼭 한 가지 바란다면 뭐예요?(건강 말고 다른 걸로요.)"

"갑자기 수돗물이 끊기면 불편하잖아요. 만약 수입이 갑자기 멈춘다면, 어떤 게 제일 걱정될까요?"

"가정경제에서 지금 딱 한 가지만 준비한다면, 뭐부터 챙기고 싶으세요?"

이 질문들은 고객을 움직이게 한다.

설계사가 말을 많이 할수록 PUSH가 되고, 고객이 말을 많이 할수록

PULL이 된다. 결국 설득은 필요 없다. 고객이 스스로 다가올 때 선택은 자연스럽게 이루어진다. 신뢰가 열리면 계약도 열린다.

보험 영업은 PUSH가 아니다. 밀어붙이는 힘이 아니라 끌어당기는 관계가 결과를 만든다.

> 설계사는 상품을 밀어 넣는 사람이 아니라
> 고객이 다가올 이유를 만드는 사람이다.

결론은 하나. 푸쉬(PUSH)하지 말고, 풀(PULL)해라.

정보수집 관리 장표의 필요성

병원에 가면 개인 진료차트가 있듯이, 보험설계사에게도 고객별 정보수집 장표가 반드시 필요하다. 아내가 한 번은 복통으로 응급실을 찾은 적이 있었다. 평소 다니던 병원에서는 차트만 보고 바로 치료가 가능했다. 그러나 여행지의 병원에서는 처음부터 피검사와 각종 절차를 거쳐야 했고 아내는 고통을 더 오래 겪어야 했던 기억이 있다. 상대를 안다는 것과 모른다는 것의 차이는 이렇게 크다. 정보가 많을수록 영업 효율은 올라가고, 정보가 없을수록 영업 효율은 떨어진다.

구체적이고 꼼꼼하게 기록하라

[이미지 28]은 정보수집을 위한 양식이다.

고객 명:

접촉 횟수	일자	경로	정보수집 내용(구체적 기재)	개인 의견
1회				
2회				
3회				
4회				
5회				
6회				
7회				
8회				
9회				
10회				
11회				
12회				
13회				
14회				
15회				
16회				
17회				
18회				
19회				
20회				

경로: 방문, 전화, 문자, 주변 정보

[이미지 28] 정보수집 양식

나는 고객 한 명당 20회 만남을 기준으로 장표를 만들었다. 꼭 20번 만나야 한다는 뜻이 아니라, 그만큼 꾸준한 정보 기록이 필요하다는 의미이다.

- 만남: 대화 내용, 표정, 의상, 식당 장소, 좋아하는 메뉴, 특이 사항
- 전화: 통화 내용, 목소리 톤, 분위기
- 주변인 정보: 지인에게서 들은 소식

상담에서 고객의 마음의 문을 여는 방법 중에 최고는 칭찬이다. 하지만 정보를 모르면 칭찬도 할 수 없다. 예를 들어, 고객 자녀가 서울대에 합격했다는 소식을 들었다고 하자. 이 정보를 아는 것과 모르는 것은 상담의 질을 결정한다. 고객에게 이런 질문 하나로 상담 분위기는 한순간에 밝아진다. "혹시 자녀분 이번에 대학 어디로 진학했나요?" 고객은 이 질문을 항상 기다렸을지도 모른다. 그리고 보험설계사는 칭찬과 자식자랑을 경청해 주면 자연스럽게 마음이 열리고 고객으로부터 신뢰를 받을 수 있다.

영업 고수들의 비밀

내가 아는 MDRT 회원 한 분은 '목욕탕 영업'으로 유명하다.

목욕탕에서 계약을 하는 것이 아니라, 정보를 수집하는 공간으로 활용하는 것이다. 목욕탕은 새벽, 오전, 점심, 저녁마다 오는 사람들

이 다르다. 이곳은 정보의 보고다. 내가 알고 싶은 정보를 많이 들을 수 있기 때문에 고객과의 만남이 자연스럽게 진행할 수 있다. 또한 간접적으로 관심있는 고객의 정보를 수집할 수 있는 공간으로 활용을 해서 좋은 성과를 내고 있다.

마무리

정보를 모르면 절대 신뢰를 얻을 수 없다. 정보를 많이 알수록 영업은 고객 중심이 되고, 모를수록 영업은 설계사 중심으로 흐른다. 고객의 마음을 여는 열쇠는 상품이 아니라 관심이다. 정보를 기록하는 작은 습관이 쌓일 때, 당신은 신뢰받는 설계사가 된다.

☑ 나만의 정보수집 장표

• 고객 한 명당 정보를 기록할 수 있는 전용 장표를 만들기.

☑ 만남·통화 기록 습관

• 매일 10분 투자해 만남이나 통화에서 나온 대화 내용·표정·분위기·특이
  사항을 구체적으로 기록하기.
• 주변 지인에게서 들은 정보도 간단히 메모해 두기.

☑ 정기적 업데이트

• 최소 분기별로 고객 정보를 다시 확인하고 최신 내용으로 갱신하기.

나의 행동 한 가지

나에게 묻기

질문 1

영업에 있어 TA가 중요한 이유는 무엇인가?

_____

_____

질문 2

TA를 잘하는 방법이 있다면 무엇인가?

_____

_____

질문 3

나만의 TA 노하우가 있다면 무엇인가?

_____

_____

TA는 씨앗, 영업의 시작이다

보험설계사의 성공에는 비전과 열정이 꼭 필요하다. 하지만 그것만으로는 부족하다. 반드시 갖춰야 할 생존 역량이 있으니, 바로 TA(Telephone Approach, 전화접근)다. TA는 "하면 좋고 안 해도 되는 선택사항"이 아니다. 반드시 극복해야 할 관문이며, 보험설계사의 생존과 직결된 역량이다. 실제로 많은 신인 설계사들이 영업을 시작하다가 중도에 포기하는 가장 큰 이유 중 하나가 바로 TA다.

왜 TA가 중요한가?

"이제 더 이상 갈 곳이 없습니다." 많은 신인 설계사들이 입사 후 4~5개월이 지나면 이렇게 말하곤 한다. 처음에는 연고 계약으로 버틴다. 하지만 연고가 바닥나면 더 이상 만날 고객이 없다. 사실 이 말은 곧 "저 이제 못 하겠습니다."라는 신호다.

지점장 입장에서는 청천벽력과 같다. 신인은 지점의 희망이고, 성과 평가와 직결되는 존재이기 때문이다. 그래서 지점장은 다급하게 이렇게 말한다. "그럼 제가 DB 고객을 드리겠습니다. 이 고객들을 만나면 좋은 결과가 있을 겁니다."

하지만 아이러니하게도, 이 순간이 신인에게는 더 큰 두려움으로 다가온다. DB 고객 명단을 받는다는 것은 결국 스스로 전화를 걸어야 한다는 뜻이기 때문이다. 바로 그 순간, 두려움을 넘어설 수 있느냐 없느냐가 갈린다. 많은 신인들이 그 벽을 넘지 못하고 끝내 영업을 포기한다. TA를 하지 못하면 더 이상 갈 곳이 없다.

나의 반성, 그리고 제안

나 역시 지점장 시절, 신인들에게 TA 교육을 제대로 하지 못했다. 결과만을 강조했지, 그들이 전화 두려움을 극복할 수 있도록 돕는 훈련을 하지 않았다. 지금도 많이 반성하고 있다. 그래서 이제는 교육 담당자나 영업팀장에게 항상 강조한다. "신인은 반드시 입사 5개월 이내에 TA를 완벽하게 할 수 있도록 훈련시켜라." 5개월이면 대부분 연고가 바닥나기 때문이다. 이 시점 이후에는 TA 역량이 없으면 버틸 수 없기 때문이다.

TA 훈련, 언제 시작해야 하는가?

많은 리더들이 묻는다. "그럼 TA 훈련은 언제 시작해야 합니까? 합격 직후입니까? 등록 직후입니까?" 나는 이렇게 답한다. "등록 후 첫 달 업적을 마무리한 직후, TA 훈련을 시작하는 것이 가장 효과적이다."

첫 달 업적을 채우기도 전에 TA를 훈련시키면 신인이 압박감에 못 견디고 중도에 포기할 수 있다.

또 다른 이유는 영업 현장은 신인의 실적이 가장 중요하기 때문에 첫 달목표를 달성한 신인은 관심 밖으로 밀리고, 아직 목표를 못 한 신인에게만 시선이 쏠리기 때문이다. 결국 첫 달은 "실적 중심 달리기"로 끝나고 다음 달도 똑같이 반복된다. 훈련은 없고, 오로지 실적만 있다.

그렇게 시간이 흐르면 신인의 연고는 바닥나고 찾아갈 곳이 없는 상황이 찾아온다.

왜 이런 일이 벌어질까?

바로 TA 훈련이 되어 있지 않기 때문이다. 새로운 고객과의 약속을 잡는 능력, 즉 만남을 만들어 내는 기술이 없으니 초기 연고가 끝나는 순간 멈춰 서게 된다. 약속을 잡지 못하니 고객을 만나지 못하고, 만나지 못하니 실적이 나오지 않는다. 결국 길이 끊긴 것처럼 느껴져 중도에 포기하는 일이 생기는 것이다.

그래서 등록 후 첫 달 업적을 마무리하면 바로 TA 훈련을 시작해야 한다. 업적을 마무리하고 나면 심리적으로 안정을 찾기 때문에 그때 훈련을 시작하는 것이 가장 효과적이다.

TA 두려움을 극복하고 잘하는 방법

나 역시 처음 입사했을 때 가장 힘들었던 일 중 하나가 전화를 받는 일이었다. 당시 지점 총무로 근무하면서 전화를 받을 때마다 정해진 멘트가 있었다.

"정성껏 모시겠습니다. ○○생명 ○○지점 ○○○입니다."

하지만 이 짧은 멘트를 하는 것이 왜 그렇게 어렵던지, 발음이 꼬이고 더듬거리는 일이 많았다. 그때는 이유를 몰랐지만, 전화에 대한 두려움은 오래도록 트라우마처럼 남아 있었다. 걸려 오는 전화도 무서웠는데, 내가 먼저 고객에게 전화를 건다는 것은 얼마나 더 떨리는 일이었을까? 신입 보험설계사들이 TA(Telephone Approach)를 가장 두려워하는 이유가 바로 여기에 있다.

대부분 교육을 받을 때는 대본을 외우고, 거울을 보며 미소를 짓고, 밝고 경쾌한 톤으로 말하라고 배우지만 실제로는 잘 되지 않는다. 번호를 누르기조차 쉽지 않고, 몇 번을 망설이다 전화를 걸었지만 대본처럼 흘러가지 않는다. 고객은 "바빠요."라는 말로 전화를 끊어버리고, 신인은 자신감을 잃게 된다.

TA가 두려운 이유는 단순히 기술 부족 때문이 아니다. 뇌는 새로운 상황을 본능적으로 회피하려 하기 때문이다. "전화를 걸면 불쾌해하지 않을까? 거칠게 거절당하면 상처받을 거야. 차라리 안 하는 게 낫지 않을까?" 뇌는 이렇게 스스로를 보호하려 하며 도전을 막는다. 뇌는 이런 시나리오를 미리 상상하고 우리를 보호하려 한다. 결국 도전하지 못한 채 '두려움'을 키우게 되는 것이다.

TA는 단순하게 시작하라

TA의 시작은 긴 멘트가 아니라 단 한마디, "네, 알겠습니다."다. 이것만 연습해도 두려움이 절반은 줄어든다. 복잡한 절차나 긴 멘트는 오히려 실행을 방해한다. 전화를 걸어 고객이 어떤 말을 하든, 처음에는 그냥 이렇게만 답해 보는 연습을 해 보자.

- 고객: "바빠요."
- 설계사: "네, 알겠습니다."

이렇게 단순화하면 두려움이 줄고, 전화기를 드는 것이 훨씬 쉬워진다. 고객은 원래 보험설계사가 길게 말하는 것을 좋아하지 않는다. 이 방법은 현장에서 많이 활용하고 효과가 좋았던 방법이다.

TA '거절 처리'의 착각과 교훈

과거에는 거절처리 멘트를 배우며 "고객이 바쁘다고 하면 이렇게 대응하라"고 했다. 하지만 요즘 고객은 본인 의사를 무시하고 말을 이어가는 것을 더 불편해한다.

내가 경험했던 일 중에 TV 위성방송을 해약하려고 고객센터에 전화를 건 적이 있다. 해약해야 하는 이유를 말했음에도 상담원은 계속 같은 질문을 반복했다. 결국 내가 할 수 있는 것은 "그냥 해약해 주시면 안 돼요?"라고 애원해야 했다. 옆에서 제 아내가 웃을 정도로 당황했던 경험이 있다. 다시는 그 회사에 가입하지 않겠다는 다짐을 했다.

그때 깨달았다. 고객이 "바쁘다"고 말하면, 그대로 존중하고 멈추는 것이 최선이다. 억지로 이어 가려는 순간 신뢰는 무너진다.

실습과 경험이 답이다

저는 강의 때 [이미지 29] TA 훈련 양식을 가지고 신입 설계사들에게 훈련시킨다.

- 잠재고객(한 번도 전화하지 않은 고객)을 작성한다.
- 이름과 전화번호만 정리해 둔다.
- 1인당 20번씩 전화를 건다.

신입사원들은 TA를 할 때 전화번호를 누른 후 "받지 마라, 받지 마라!" 주문을 외운다. 왜냐하면 두렵기 때문이다. 그래서 TA 방법을 설명할 때 "두려워할 필요 없습니다. 왜냐하면 고객은 절대 전화를 받지 않습니다." 이 사실을 알려 주고 시작하면 신입들은 크게 웃으며 긴장을 풀곤 한다. 실제로 신입들은 "처음엔 무서웠는데 막상 안 받으니 허탈하면서도 웃음이 났다"고 말한다. 이렇게 가볍게 경험을 쌓으며 두려움은 점점 옅어진다.

고객이 받으면 성공: ○, 안받으면 실패: ×, 약속 잡았으면 ★로 표시하세요.

[이미지 29] TA 훈련 양식

먼저 1번부터 시작한다. 전화를 걸고 신호음이 다섯 번 가도 안 받으면 자기소개 멘트를 한다. "안녕하세요! ○○○○회사 ○○○입니다. 전화를 안 받으시네요. 알겠습니다!" 그리고 안 받으면 ×, 받으면 ○, 약속을 잡으면 ★로 표시하시면 된다. 다시 한번 이야기하지만 안 받을 확률이 매우 높다. 그리고 받아도 무서워하지 마라. 무조건 "네, 알겠습니다"만 하면 된다.

그런데 "어머 어쩐 일로 이렇게 전화를 하셨습니까? 혹시 무슨 일이 있나요?" 이렇게 친절하게 받는 분이 계시다면 어떻게 해야 할까? 이렇게 상황이 발생하면 "어떻게 해야 하지?" 라고 당황하게 된다. 이런 상황이 발생해도 당황하지 말고 "네, 알겠습니다"라고 응대하면 된다. 중요한 것은 이 통화가 끝나고 비고란에 '친절함, 다시 전화'라고 기록을 하는 것이다. 그리고 그 다음날 전화를 걸어 "어제는 정말 죄송했습니다. 제가 요즘 전화하는 훈련을 하고 있는데 고객님이 다른 분들과 달리 너무 친절하게 전화를 받아 주셔서 제가 너무 당황한 나머지 전화를 끊는 실례를 범하고 말았습니다. 너무 죄송하고 고마워서 제가 선물하나 보내 드리고 싶은데 괜찮으세요?"라고 한다면 고객 반응은 어떨까?

중요한 것은 '전화하는 경험 그 자체'를 훈련하는 것이다. 신호음을 듣고, 짧게라도 나의 소개 멘트를 하는 과정이 쌓이면 어느 순간 두려움이 사라진다. 길을 아는 것과 직접 걷는 것은 전혀 다르다. TA도 경험 없이는 결코 익숙해질 수 없다.

문자 활용하기

고객의 핸드폰에 내 전화번호를 20번을 남기겠다는 각오로 TA를 시작해야 한다. 내 번호가 계속 찍히면 고객은 궁금해할 것이다. 하지만 고객은 전화를 하지 않는다. 이건 제 강의를 듣고 본인이 응용을 해서 효과를 많이 본 사례이기에 소개한다. 그래서 10번 전화했는데 받지 않으면 짧은 문자를 보낸다.

"고객님, 안녕하세요. 저는 ○○보험의 ○○○입니다. 고객님께 저희 회사에서 제공하는 좋은 서비스에 해당이 되어 연락을 드렸는데 통화가 어려워서 문자로 남깁니다. 필요하실 때 언제든 연락 주시면 친절히 도와드리겠습니다. 좋은 하루 되세요!"

이렇게 하면 전화를 건 사람이 '내 담당 설계사구나' 하고 고객은 인지하게 된다. 그리고 의외로 문자 이후에 고객이 먼저 연락하는 경우도 많다고 한다.

TA 하루 목표를 정하라!

TA 훈련은 결국 습관이 되어야 한다. 목표는 스스로 정하되 거창하게 시작하지 말고 아주 작게 시작하라.

- "점심 식사 후 차 안에서 하루 한 통만 한다."
- "통화 내용은 반드시 기록한다."

이런 작은 습관이 하루하루 쌓이면 어느 날 달라진 자신을 발견하게 된다.

현장에서 효과 본 훈련 방법

- 갑자기 팀 단위로 '집중 5분 TA'를 실시한다.
- 핸드폰을 꺼내고 전화번호부를 올리면서 고객이 나오면 전화를 건다.
- "오늘 교육을 받으면서 가장 먼저 떠오른 사람에게 안부 인사만 하라" 지시한다.
- 약속을 잡는 것이 아니라 부담 없이 가볍게 시작하게 한다.

5분이 지나고 경험을 나누면 대부분 이렇게 말한다. "막상 하니까 어렵지 않네요." "이제 자신감이 생겼습니다." "현장에 가서도 꼭 해 보겠습니다."

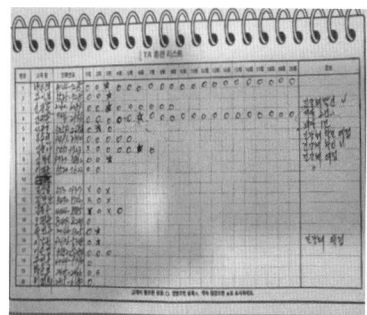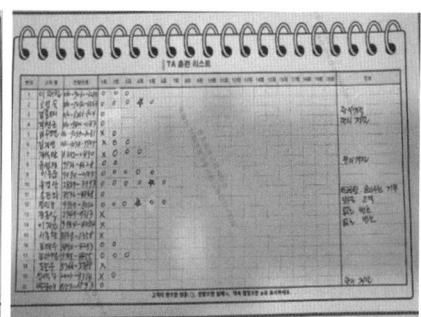

[이미지 30] TA 훈련 사례

[이미지 30] TA 훈련 사례는 영업팀장이 이 교육을 받고 현장에 돌아가 팀원들과 함께 TA를 했는데 갈 곳이 많아지고 활동량도 많이 올라가 성과가 많이 나왔다고 나에게 보여 준 사진이다.

이 팀장은 팀원들과 일주일에 두 번 11시에 TA를 실시하고 점심을 먹는 것으로 합의를 하고 시작했다. 그런데 하루 한 시간 투자의 결과가 너무 좋았고, 함께 하니까 용기도 생기고 재미있게 할 수 있다고 한다. 또한 끝나고 점심을 먹으면서 오늘 TA 결과에 대한 토론을 하면서 서로 지혜를 배우는 장이 되어 좋았다고 한다.

TA는 기술이 아니라 '용기 훈련'이다.

두려움은 사라지지 않는다. 대신 작고 단순한 행동을 반복하면 익숙해진다. 작게 시작하고, 반복하고, 기록하라. 그러면 어느 날, 전화가 두렵지 않은 '영업인의 몸'이 만들어진다.

예측 가능한 영업을 위한 행동 지침

예측 가능한 영업을 위해 이런 하루 행동 지침을 제안한다.

1. 출근 후 커피를 마시며 가망고객 리스트 확인하기
2. 잠재고객에게 TA 실행하기
3. 오늘 만난 고객과 다음 만남 약속 잡기

4. 소개받은 고객에게 약속 잡기

5. TA로 약속 잡은 고객 관리하기

6. 오후에는 고객 정보 정리하기

7. 퇴근 전 가망고객 리스트 다시 점검하기

8. 하루를 성찰하며 마무리하기

이 습관이 몸에 배면, 어느새 성공하는 보험설계사의 길 위에 서 있을 것이다.

마무리

TA는 보험설계사의 성패를 가르는 생존 스킬이다. TA는 배우고 하는 것이 아니라, 하면서 배우는 것이다. 두려움은 행동으로만 줄어든다. 전화 한 통이 무서운 게 아니라, 하지 않는 시간이 두려움을 키운다. 작게 시작하라. 그러나 반드시 매일 반복하라.

☑ TA 잠재고객 리스트 작성

• 잠재고객을 정리하고 이름 · 전화번호를 리스트에 기록하기.

☑ 작은 목표 설정

• 매일 구체적이고 작게 시작할 목표를 정하기.

　예) "점심 후 한 통 걸기." "오늘 하루 세 통 시도하기."

☑ 기록과 피드백

• 통화 후 결과와 대화 내용을 구체적으로 기록하기.

• 통화 시 어려웠던 내용을 기록하고 개선 방법 찾기.(선배, TA 우수자, 교육

　영상 등)

나의 행동 한 가지

변화는 거창한 결심이 아니라, 작은 습관 하나에서 시작된다. 루틴은 습관의 설계도이고, 하루를 성찰하는 습관은 영업의 내구성을 만든다. 결국 반복되는 작은 행동이 미래를 바꾸고, 그 습관이 평생 성과를 결정짓는다.

HABIT

습관이 운명을 바꾼다

나에게 묻기

아침 출근 후 회의 전까지, 내가 매일 반복하는 행동은 무엇인가?

질문 2

그 행동 중 실제 업무와 연결된 것은 무엇인가?

질문 3

앞으로 만들고 싶은 '새로운 습관'은 무엇인가?

변화는 작은 행동에서 시작된다

아침에 사무실 문을 열고 들어오면 무심코 반복하는 행동들이 있다. 인사하기, 출근부 서명하기, 노트북 켜기, 커피 마시기…. 이 가운데 일과 직접 관련된 행동은 몇 가지나 될까? 열 가지 중 세 가지 이상이 일과 연결되어 있다면 이미 성공을 준비하는 조건을 갖춘 셈이다. 이처럼 우리는 매일 무의식적으로 행동을 반복한다. 우리는 그것을 습관이라 부른다. 성공한 사람들에게는 좋은 습관이 많다. 그런데 왜 대부분은 좋은 습관을 만들지 못할까?

누구나 좋은 습관이 성공을 좌우한다는 사실을 알고 있다. 하지만 습관을 만들기는 쉽지 않다. 특히 기존의 나쁜 습관을 바꾸는 것은 더 어렵다. 대표적인 예가 금연과 다이어트다. 건강을 해친다는 사실을 알면서도 많은 사람이 실패한다. 잘못된 습관이 건강을 해친다는 것을 알면서도 끊거나 바꾸기는 쉽지 않다. 매년 금연을 선언하고 다이어트를 다짐하지만 성공하는 사람은 많지 않다. 해마다 다짐을 새로 하지만 오래가지 못하는 경우가 많다. 나도 금연을 여러 번 실패했다. 그래서 깨달았다. 나쁜 습관을 끊는 것은 쉽지 않다. 차라리 새로운 습관을 만드는 편이 훨씬 효과적이다.

이렇듯 나쁜 습관을 바꾸는 것보다 새로운 습관을 만드는 편이 더 쉽다. 그런데도 왜 습관 만들기가 어려운 걸까? BJ 포그의 『아주 작은 습관의 힘(Tiny Habits)』에 따르면, 이유는 뇌 때문이다. 인간의 뇌는 새로운 것을 싫어하고 익숙한 행동을 고수하려는 성향이 강하다. 그 배경에는 세 가지 이유가 있다.

1. 에너지 절약 본능(Cognitive Economy)

뇌는 전체 에너지의 20~25%를 소모한다. 새로운 일을 처리하려면 더 많은 에너지가 필요하다. 그래서 익숙한 행동을 선호한다.

2. 위험 회피 본능(Negativity Bias)

낯선 것은 위험일 가능성이 높다고 진화 과정에서 각인되었다. 그래서 새로운 정보와 환경은 본능적으로 거부한다.

3. 불확실성 회피(Uncertainty Aversion)

뇌는 예측 가능한 상황을 좋아한다. 새로운 시도는 불확실성을 높이고, 이는 곧 스트레스로 이어진다.

예를 들어, 다이어트를 결심한 사람이 "오늘부터 저녁 6시 이후에는 절대 먹지 않겠다"고 다짐한다고 하자. 뇌는 곧 신호를 보낸다. "배고픈데 왜 안 먹지? 오늘만 먹고 내일부터 시작해도 되잖아." 결국 그 압력에 무너지고 만다. 운동도 마찬가지다. "오늘은 추워서, 내일은 더워서,

모레는 비가 와서" 같은 핑계로 쉽게 포기한다.

결국 습관 만들기에 실패하는 이유는 세 가지다.

- 너무 큰 목표를 세운다.
- 의지력에만 의존한다.
- 실패하면 스스로 자책한다.

나의 홈 트레이닝 경험을 이야기하면 코로나로 매일 하던 배드민턴을 하지 못하게 되었다. 그렇게 6개월을 보내고 나니 몸이 굳고 어깨가 아프기 시작했다. 그래서 방에서 운동을 하기로 했는데 목표는 작게 하기로 했다.

저녁을 먹고 TV 7시 뉴스를 튼다. 매트를 깔고 스쿼트 5개만 한다. 바로 매트를 걷고 마무리한다. 단 1분짜리 운동이었다. 놀랍게도 작은 시작이 변화를 만들었다. 며칠이 지나자 동작이 늘어났고, 몸의 변화가 체감되자 점점 운동 시간을 늘릴 수 있었다. 결국

습관은 규모가 아니라

지속 가능성에서 출발한다는 것을 깨달았다.

그래서 습관을 만들기 위해 필요한 접근은 다음 세 단계다.

1. 뇌가 모르게 하라 — 작게 시작하라

큰 목표는 실패를 불러온다. TA를 안 하던 사람이 갑자기 "오늘부터 TA 10명 해야지!" 이런 계획은 첫날부터 힘들다. 뇌가 일단 새로운 상황이 너무 크기 때문에 격렬하게 거부할 것이다. 그래서 "전화 한 통만 해 보자"처럼 작게 시작해야 한다.

2. 기존 행동에 덧붙여라

새로운 습관은 기존 행동에 연결될 때 쉽게 자리 잡는다. 가망고객을 매일 보는 습관을 만들고 싶다면 아침에 커피를 마실 때 가망고객을 보는 것으로 기존 행동과 이어지도록 만들면 된다. 잘 설계된 구조는 곧 시스템이 되고, 습관을 뿌리내리게 한다.

3. 즉시 자신을 칭찬하라

습관은 반복보다 감정이 강화시킨다. 작은 행동 후 곧바로 "오늘 잘 했어!" "내가 해냈어!" 하고 칭찬하라. 뇌는 보상을 좋아한다. 그 감정을 기억하며 행동을 강화한다. 뇌가 새로운 것을 싫어하는 것도 있지만 반대로 뇌는 새로운 것을 통해 보상을 얻고 학습하며 성장하려는 욕구도 가지고 있다. 처음은 싫지만 그에 따른 보상이 주어지면 그때부터는 행동이 뇌를 지배한다고 한다. 다이어트 처음은 어렵지만 그 어려움을 견디고 조금씩 살이 빠지는 모습을 보면 그때부터는 자신감이 생기고 더 빼고 싶은 욕구가 생기는 것이다. 처음에 TA가 어려웠지만 조금씩 하다 보니 자신감이 생기고 고객이 생각보다 친절하게 응대해 주고, 조금씩 TA가 즐거워지면 이때부터는 TA에 대한 두려움보다는 더 많이 하고 싶은 욕구가 생길 것이다.

마무리

뇌는 새로운 것을 싫어하지만, 동시에 보상에 의해 학습하고 성장하려는 성향도 가지고 있다. 다이어트도, 운동도, TA도 처음에는 힘들지만 작은 행동이 성과로 이어지면 자신감이 붙는다. 그 순간부터는 두려움보다 욕구가 커진다. 습관은 의지가 아니라 구조와 보상이 만든다. 오늘 작은 행동 하나를 정해 꾸준히 실천해 보라. 그것이 미래를 바꾸는 출발점이 될 것이다.

☑ 작은 습관 3가지 정하기

- 내가 만들고 싶은 행동을 세 가지 적어 두기.
  예) "오늘 할 일 글로 적기, 아침에 고객 리스트 보기, 오후에 정보수집 내용 기록하기."

☑ 기존 행동에 덧붙이기

- 매일 반복하는 행동에 새로운 습관 하나 덧붙이기.
  예) "커피 마실 때 고객 리스트 확인하기."

☑ 즉시 칭찬하기

- 작은 행동을 실천한 직후 스스로에게 칭찬을 건네기.

☑ 1주일 후 점검하기

- 1주일 후 실행 여부를 확인하고, 잘 지켜진 습관은 조금씩 확장하기.
  예) TA 1통에서 2통으로 늘리기.

나에게 묻기

나는 매일 반복하는 행동은 무엇인가?

그 행동 중 실제 영업 성과와 연결되는 것은 무엇인가?

나는 의도적으로 나만의 행동을 바꿔보려 한 적이 있는가?

루틴은 습관의 설계도다

습관은 그냥 만들어지지 않는다. 습관은 반복된 루틴이 몸에 밴 결과다. 습관은 우연히 생기지 않는다. 루틴이 있어야 비로소 습관이 만들어진다. 루틴은 의도적인 행동이고, 습관은 그 결과로 자동화된 행동이다.

스티브 잡스는 매일 같은 검은 터틀넥과 청바지를 입었다. 마이클 펠프스는 경기 전 늘 같은 스트레칭과 음악 듣기로 몸과 마음을 안정시켰다. 하루키는 새벽 4시에 일어나 글을 쓰고 운동하는 루틴을 수십 년 동안 지켜왔다.

이처럼 성공한 사람들의 배경에는 의도적으로 설계한 루틴이 있었다. 결국 습관을 못 만드는 이유는, 많은 사람이 습관만 바라지만, 정작 루틴을 설계하지 않기 때문에 실패한다. 루틴(Routine)은 이렇게 정의할 수 있다.

- 의도적으로 정한 일련의 반복적인 행동 흐름
- 의식적으로 계획하고, 반복하는 행동
- 아직 자동화되지는 않았지만 규칙적으로 실행되는 활동

즉, 루틴은 '설계된 반복'이다. 반복이 쌓여 무의식적으로 행동할 수 있게 되면 그것이 습관이 된다. 운동선수들이 무한 반복 훈련을 하는 이유가 여기에 있다. 배드민턴 선수들이 매일 스텝 훈련을 반복하는 이유는, 경기 중 어떤 상황에서도 무의식적으로 반응하기 위해서다. 반복된 루틴이 곧 습관을 만들고, 습관이 경기력을 좌우한다. 영업 현장에서도 원리는 다르지 않다. 아침에 출근하면 자연스럽게 커피를 마시는 것처럼, TA(전화접근)나 고객 소개 요청도 특정 상황이 되면 무의식적으로 작동해야 한다. 그 출발점이 바로 루틴이다.

루틴을 선정할 때 기준은 네 가지다

1. 행동으로 표현될 것

루틴은 의지가 아니라 구체적인 행동으로 정해야 한다. "열심히 해야지" 같은 모호한 다짐이 아니라 "TA 전화를 건다"처럼 구체적이어야 한다.

2. 작을 것(실행 가능성)

목표가 크면 뇌가 부정적으로 반응한다. 그래서 작게 쪼개야 한다. 예를 들어, "TA 10통 해야지"가 아니라 "TA 1통만 해 보자" "소개 10명 받아야지"가 아니라 "소개 1명만 받자"처럼 작게 시작해야 한다. 뇌는 새로운 것, 반복적인 지루한 것을 싫어하지만 작은 행동이 반복되고, 보상이 느껴지면 '새로운 일'이 아니라 '좋은 일'로 받아들여 행동을 중

가시킨다.

3. 측정 가능할 것

명확하게 측정 가능한 루틴이어야 진행 여부를 확인할 수 있고, 작은 성공 경험과 동기부여에 도움이 되며, 스스로 객관적인 피드백을 할 수 있기 때문이다. 그리고 구체적으로 기록하고 확인할 수 있어야 한다.

4. 매일 할 수 있을 것

매일 반복되지 않으면 무의식으로 자리 잡지 못한다. 의식적인 행동이 무의식이 되기까지 많은 시간이 필요하다. 그래서 가능하다면 '매일' 할 수 있는 루틴을 정해야 한다.

루틴 선정 예

- 매일 점심 식사 후 차 안에서 TA 1통 하기
- 매일 고객 만남 후 소개 1명 요청하기
- 매일 고객 정보 오후에 정리하고 퇴근하기
- 매일 출근 후 커피 마시며 가망고객 리스트 보기
- 매일 보험 관련 영상 1편 시청하기

이처럼 작은 행동, 명확하고, 측정 가능한 루틴이 습관을 만든다. 그리고

"성공한 사람들의 루틴은 단순 반복이 아니라,
의도적으로 설계한 행동 구조였다."

루틴 선정 기준 예시

루틴을 정할 때는 의지가 아니라 행동을 기준으로 삼아야 한다. 누가 보아도 알 수 있는 구체적인 행동이어야 하고, 너무 크지 않아 작은 단위로 실행 가능해야 한다. 또한 실행 여부를 측정할 수 있어야 하며, 마지막으로 매일 할 수 있는 일이어야 한다. 아래 [이미지 31]은 루틴을 선정할 때 반드시 고려해야 할 네 가지 기준을 정리한 것이다.

점검 항목	질문	예시 (수정 전 → 수정 후)
행동	이 루틴은 행동이 분명한가?	열심히 하기 ✗ → TA하기 ☑
실행가능성(작은)	지금 당장 작게 실행할 수 있는가?	TA하기 10통하기 ✗ → TA 1통하기 ☑
측정 가능성	실행 여부를 객관적으로 체크할 수 있는가?	TA 열심히 하기 ✗ → TA 점심 먹고 차 안에서 1통 ☑
매일(지속성)	매일 반복할 수 있는 루틴인가?	TA 점심 먹고 차 안에서 1통 ✗ → 매일 TA 점심 먹고 차 안에서 1통 ☑

[이미지 31] 루틴 선정 기준

나의 루틴 선정하기

[이미지 32] 루틴 선정하기 양식 빈 칸에 내가 만들고 싶은 습관을 작성해 보고 4개의 선정 기준에 적합한지를 체크한 후 기준에 맞는 루틴

을 선정한다. 각 항목에 대해 '예/아니오'를 체크한다. 4가지가 모두 '예'
라는 곳에 해당이 되어야 좋은 루틴 선정이다. 선정된 루틴에 우선순
위를 결정한 후 하나씩 실행하면 된다.

나의 루틴 선정 체크리스트	선정 기준 여부			
	행동	실행가능성(작은)	측정 가능성	매일(지속성)
	□ 예 / □ 아니오	□ 예 / □ 아니오	□ 예 / □ 아니오	□ 예 / □ 아니오
	□ 예 / □ 아니오	□ 예 / □ 아니오	□ 예 / □ 아니오	□ 예 / □ 아니오
	□ 예 / □ 아니오	□ 예 / □ 아니오	□ 예 / □ 아니오	□ 예 / □ 아니오
	□ 예 / □ 아니오	□ 예 / □ 아니오	□ 예 / □ 아니오	□ 예 / □ 아니오

[이미지 32] 루틴 선정하기

마무리

습관은 다짐으로 만들어지지 않는다. 습관은 루틴이 몸에 배어 자동
화된 결과다. 오늘 당장 할 수 있는 작고 구체적인 루틴 하나를 정해 실
행하라. 루틴이 쌓이면 습관이 되고, 습관은 결국 성과가 된다.

☑ 루틴 후보 작성하기

- 내가 만들고 싶은 습관을 적고, 네 가지 기준(행동·작음· 측정 가능·매일)에 맞는지 체크하기.

☑ 최소 4개 루틴 선정하기

- 적어 둔 후보 중 최소 4개를 선택해 우선순위를 정하기.

☑ 지금 당장 실행할 루틴 1개 선택하기

- 오늘 바로 할 수 있는 가장 작은 루틴 1개를 정해 실천하기.

나의 행동 한 가지

나에게 묻기

질문 1

나는 하루를 어떻게 마무리하고 있는가?

_____

_____

_____

질문 2

나는 매일 나의 하루를 돌아볼 수 있는 성찰 체크리스트를 가지고 있는가?

_____

_____

_____

하루를 성찰로 마무리하라

　성찰은 성장의 가속 페달이며, 방향을 잃지 않게 하는 나침반이다. 루틴이 습관을 만들고, 성찰이 그 습관을 다듬는다. 우리는 하루를 그냥 흘려서 보내기 쉽다. 하지만 단 10분이라도 멈춰 서서 자신을 돌아본다면, 그 하루는 배움이 되고 내일은 더 나아질 수 있다.

　성찰은 자신의 생각, 감정, 행동을 깊이 들여다보고 그것이 의미 있는지, 바람직한 지를 되돌아보는 지적 행위다.

　"오늘 나는 무엇을 했는가?"

　"왜 그렇게 행동했는가?"

　"그것이 나와 타인에게 어떤 영향을 주었는가?"라는 질문이 성찰의 출발점이다.

　성찰을 통해 얻는 것은 네 가지다.

1. 자기 인식 — 무심코 지나간 하루를 되돌아보면 나의 습관, 감정 반응, 생각의 패턴을 알 수 있다.
2. 실수에서의 배움 — 작은 후회도 성찰을 거치면 성장의 재료가 된다.
3. 방향 확인 — 오늘 하루가 내가 가려는 길에 맞는지 점검할 수 있다.

4. 자기 주도성 강화 — 매일 성찰이 습관이 되면, 삶을 내가 다루고 있다는 감각이 생긴다. 이는 자존감, 자신감, 자기효능감으로 이어진다.

성찰은 반성과 다르다. 반성이 감정적이라면, 성찰은 객관적이다. 요즘 성찰이란 단어가 많이 쓰인다. 학교 교육에서도 성찰학습이 뜨고 있다. 기업에서 하는 교육 중에서 성찰학습 교육이 매우 효과적임이 증명되고 있다. 교육공학에서 말하는 '성찰학습'은 타인의 행동을 관찰하며 자신을 객관적으로 바라보는 방식이다. 주입식이 아닌 참여와 토론을 통해, 자신의 경험과 행동을 돌아보고 의미를 분석하며 새로운 지식과 경험을 재구성하여 더 나은 방향을 찾는다. 그래서 "성찰 없이 발전 없다"는 말의 의미를 알 수 있다.

현장 성찰 체크리스트 현장 적용 사례

[이미지 33]은 실제 현장에서 적용한 사례다.

[이미지 33] 성찰 체크리스트 현장 적용 사례

내가 진행했던 "나만의 세일즈를 디자인하라"라는 과목의 강의가 있었는데 강의의 마지막은 이 성찰 리스트다. 루틴을 선정하고 그 선정된 루틴 중에서 하나만 선택하여 한 달간 매일 성찰 체크리스트에 체크하고 하루를 마무리하는 습관을 만들기 위해 과정 종료에 과제로 제시를 한다. 물론 그냥 하라고 하면 안 하기 때문에 프로모션을 전개한다. 그리고 매주 월요일 교육 대상자에게 독려 문자를 보낸다.

"이번 한 주가 시작되었습니다. 잊지 않으셨죠? 매일 루틴을 실천합시다! 오늘도 여러분의 힘찬 한 주를 응원합니다!"

주마다 네 번의 독려 문자를 보내고 거기에 해당 지점장에게도 문자를 보내 독려를 부탁했다.

"이번 당 교육생이 습관에 대한 교육을 받았으며 루틴을 선정하고 한 달간 실천하는 과제가 있습니다. 과제 수행을 통해 한단계 성장할 수 있도록 지점장님의 관심과 독려 부탁드립니다."

그리고 한 달 뒤 한 달간 실천했던 내용과 성찰 체크리스트를 보내라는 문자를 보낸다. 네 차례 독려 문자와 상사까지 협조 요청을 했음에도 불구하고 제출 비율은 20~30%에 불과했다. 그것도 제대로 실천한 인원은 한 10% 정도가 될 것 같다.

왜 실천하지 못했는지 물어보면 가장 흔한 대답은 "잊어버렸다." "바빠서 못했다."였다. 하지만 그 이면에는 두 가지 이유가 있었다.

첫째, '매일 해야 한다'는 압박감 때문이다. 매일 반복해야 한다는 부담은 처음엔 동기를 주지만, 시간이 지날수록 오히려 포기의 이유가 된다.

둘째, 루틴 선정 과정의 욕심이다. "한 개만 먼저 하라." "작게 시작하라." "행동 중심으로 정하라." "측정 가능해야 한다."는 원칙을 강조했지만, 실제 결과물을 보면 기준에 벗어난 루틴이 많았다. 처음부터 너무 많은 것을 시도하다 보니 버거워졌고, 결국 중도에 포기한 것이다.

이 사례는 성찰도 루틴화되지 않으면 금세 일상에 파묻힌다는 사실을 잘 보여 준다. 새로운 하나의 행동을 바꾸는 일은 생각보다 어렵다. 그러나 이 어려움을 견디고 작은 습관을 끝까지 이어간다면, 그것이 결국 성공으로 가는 길이 된다.

그래서 다시 한번 강조하지만 내가 만들고 싶은 습관이 있다면 루틴의 과정을 거쳐야 한다. 그 루틴을 선정할 때 욕심을 내면 절대 안 된다. 아주 작게, 그리고 측정 가능하게, 구체적인 행동으로 무엇을 할 것인지를 선정해야 한다.

그리고 매일 성찰해야 한다. 하루를 돌아보고 잘한 것과 부족한 것이 무엇이며, 개선해야 할 부분은 무엇인지 매일 체크하면 어느 날 엄청나게 변화된 나의 모습을 볼 수 있을 것이다. 작은 행동이 쌓여 큰 전환점을 만든다.

나의 일일 활동 & 성찰표

영업을 하다 보면 이런 순간이 온다.

"오늘 뭐 한 거지?" "왜 나는 제자리일까?"

실적은 보이지만, 과정은 보이지 않는다. 그래서 자신감이 흔들리고 방향을 잃는다. 결국 중요한 것은 큰 목표가 아니라 작은 기록, 매일을 눈에 보이게 만드는 것이다. 그때부터 성장은 시작된다. 그래서 작게, 아주 작게 시작해야 한다. 많은 보험설계사들이 루틴을 정할 때 이렇게 말한다.

"하루에 TA 10통!" "고객 10명 만나기!"

하지만 이런 계획은 대부분 3일을 넘기지 못한다. 일이 바빠지거나 감정이 흔들리면 바로 무너지기 때문이다. 그래서 시작은 딱 하나면 된다.

- 매일 TA 1통 하기
- 매일 가망고객 리스트 보기
- 매일 영상 한편 보기

작아 보이지만,

이 작은 행동이 매일 쌓이면 어느 순간

움직이는 사람이 된 나를 발견하게 된다.

일일 활동 & 성찰표 이렇게 기록한다(작성 예시)

영업 성과는 화려한 이벤트가 아니라 작은 습관에서 나온다. 아래 [이미지 34]와 [이미지 35]의 일일 활동 & 성찰표는 내가 꾸준히 실천하는 행동을 점검하기 위한 도구다. 작은 것부터 매일 체크하며 성과를 쌓아 가자.

먼저 앞 챕터에서 루틴 선정 기준에 해당하는 것 중에서 1개만 먼저

시작하도록 하자. 그리고 1개가 잘 정착이 되면 하나를 더 선정하는 식
으로 조금씩 늘려 나가야 무리가 안 된다.

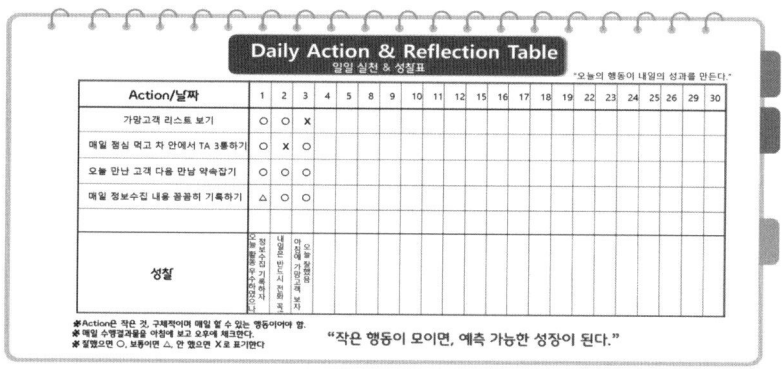

[이미지 34] 일일 활동 & 성찰표 작성 예시

위 [이미지 34] 일일 활동 & 성찰표 작성 예시처럼 왼쪽 빈칸에 루틴
을 작성하고 그 루틴 달성여부를 체크를 한다. 너무 복잡하고 어려우면
습관을 만들기가 매우 어렵기 때문에 세가지로 단순하게 했으며 여기에
잘했다 싶으면 O, 실천을 못했으면 X에, 중간이면 △로 체크하면 된다.
그리고 성찰에 나의 하루를 간단하게 돌아보고 키워드만 작성하는 걸로
했다. "오늘 하루는 보람 있는 하루였다." "오늘은 조금 게을렀지만 내일
은 꼭 실천하는 하루가 되자." 이런 식으로 하루를 마무리해 보자.

1분이면 충분하다. 매일 하루를 돌아보는 1분의 시간은 작은 행동이
지만 이것이 쌓이면 나중에 습관이 되고 성장을 향한 가속페달을 밟는
것이며, 방향을 잃지 않고 목표를 향해 나아가는 나침반이 될 것이다.

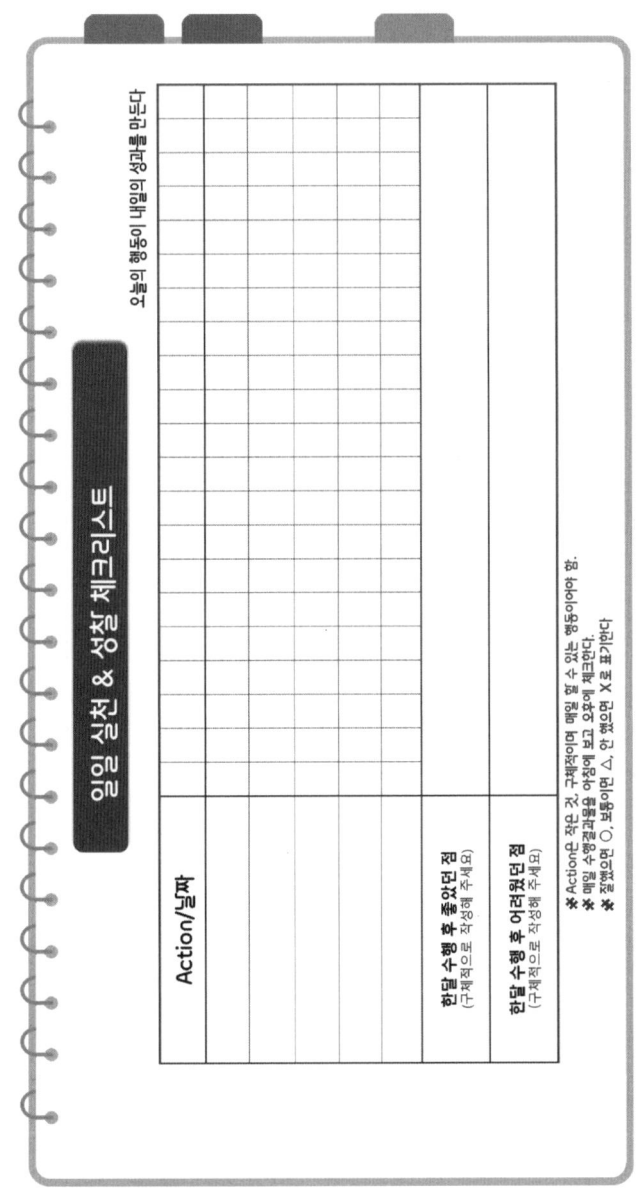

[이미지 35] 일일 활동 & 성찰표 양식

어떤 변화가 생길까?(현장 사례)

입사 3개월 차 신인이 있었다. 실적은 없었고, 자신감은 바닥이었다. 하루 종일 준비만 했지만 정작 고객에게 전화를 걸지 못했다. 그때 그는 일일 활동 & 성찰표를 시작했다. 루틴은 단 하나. "TA 1통"

처음 며칠은 X가 더 많았다. 하지만 하루에 O가 하나씩 보이기 시작했고, 일주일 뒤 그는 이렇게 적었다.

"한 통의 전화가 두 번째 약속을 만들었다."

한 통이 흐름을 만들었고, 흐름은 행동을 이어줬다. 그리고 한 달 뒤, 첫 계약이 성사됐다. 그가 남긴 말은 단순했다.

"계약이 중요한 게 아니라, 처음으로 제가 '움직이는 사람'이 된 게 중요했습니다."

변화는 크지 않았다. 하지만 방향은 완전히 달라졌다.

마무리

새로운 습관을 만드는 일은 쉽지 않다. 일상에 쫓기다 보면 금세 잊히고, 며칠 만에 흐지부지되는 경우가 많다. 그러나 작은 루틴을 정하고 매일 성찰한다면, 어느 날 눈에 띄게 달라진 자신을 발견할 것이다.

루틴은 습관의 씨앗이고, 성찰은 그 습관이 자라도록 돕는 햇빛이다.

오늘도 루틴을 실행하고, 매일 성찰하라. 그것이 성장의 가장 확실한 길이다.

☑ 우선 루틴 1개 정하기

• 앞에서 정한 루틴 중 매일 반복할 루틴 1개 정하기.

☑ 선정 기준 확인하기

• 구체적 행동인지, 작게 시작할 수 있는지, 측정 가능한지 다시 확인하기.

☑ 체크리스트 활용

• 책상 위에 성찰 체크리스트를 두고, 하루가 끝날 때 간단한 표시와 짧은 메모로 하루를 정리하기.

☑ 한 달에 1개씩 루틴 확장하기

• 하나의 루틴이 자리 잡으면 또다른 루틴 1개를 추가해 행동을 확장하기.

나의 행동 한 가지

꼰대의 성찰

20년 넘게 현장에서 쏟아냈던 이야기들을 막상 글로 옮기려니 마음처럼 쉽지 않았습니다. 강의실에서는 물 흐르듯 자연스럽던 이야기들이 글 앞에서는 전혀 다른 옷을 입어야 했기 때문입니다. 말에는 표정과 몸짓, 현장의 온기가 섞여 있지만, 글은 오직 문장만으로 그 온도를 전해야 했습니다.

서툰 타자 실력으로 오타와 씨름하며 한 문장을 쓰고 지우기를 수없이 반복했습니다. 처음에는 독자와 대화하듯 편하게 써보려 했지만, 논리적으로 정돈하는 법을 새로 배우며 스스로의 언어가 부족하다는 사실도 뼈아프게 깨달았습니다. 표현하고 싶은 마음은 굴뚝같은데 적절한 문장이 떠오르지 않아 멈춰 서 있던 시간들... 그 인고의 시간 속에서 깨달았습니다. 한 권의 책이 세상에 나오기까지 얼마나 많은 수정과 인내가 필요한지를 말입니다.

어느 날은 시간 가는 줄도 모르고 몰입해 화장실 가는 것조차 잊은 채 앉아 있기도 했습니다. 평생 느껴보지 못한 새로운 경험이었습니다. 돌이켜 보면 이 책은 완벽한 결과물이라기보다, 수많은 시행착오를 거치며 깎아내고 다듬어온 '성찰의 기록'에 가깝습니다. 그래서 조금은 아쉽고 부끄럽기도 합니다. 가끔은 아무리 다시 읽어 보아도 내용이 없는 것처럼 느껴질 때도 있습니다.

하지만 현장의 진심을 글로 남길 수 있었다는 것만으로도 저에게는 참으로 의미 있는 여정이었습니다. 이 책은 거창한 이론서가 아닙니다. 현장에서 부딪히고 고민하며 얻은 아주 단순한 행동의 기록입니다. 이 글을 읽으며 단 한 문장이라도 가슴 뛰는 순간이 있었다면 저는 그것으로 충분합니다.

이제 남은 것은 단 하나, '행동'입니다. 그 한 걸음을 뗀다면 당신도 분명 기대 이상의 결과를 만나게 될 것입니다.

보험꼰대 권기성 드림